U0139941

我的履历书

自传

本田宗一郎

〔日〕本田宗一郎 著

周征文 译

Honda Soichiro

人民东方出版传媒
People's Oriental Publishing & Media
东方出版社
The Oriental Press

作者简介

[日] 本田宗一郎

1906 年出生于静冈县，22 岁时，开办了滨松的汽车修理厂。1948 年创立本田技研工业，担任社长，研发了"梦想号"和"超级小狼"等热销车型，并将本田技研工业打造为世界第一的两轮车制造商。其后，他又进军四轮车市场，成功研发出低污染 CVCC 引擎等划时代产品，最终本田汽车成长为世界级车企。1973 年辞去社长一职，1991 年去世。

本田宗一郎是第一个进入美国汽车名人堂（Automotive Hall of Fame）的日本人，是继亨利·福特（Henry Ford）后，世界上第二个荣获美国机械工程师学会颁发的荷利奖章的汽车工程师。

写在前面的话

"我的履历书"是日本最大财经报纸《日本经济新闻》的知名连载专栏，于 1956 年开设，邀请日本各界及全球的精英亲笔撰写人生经历，每月一人。执笔者中有松下幸之助、本田宗一郎、稻盛和夫，也有英特尔、GE、IBM 等企业的经营者。它曾被《读卖新闻》誉为"时代的见证人"。

其中部分"我的履历书"已被编成图书在日本出版，我们从中精选具有代表性的经营者的自传介绍给中国读者。这些经营者都曾面临生存或发展的困境，然而他们都能秉持正念，心怀为人类社会奉献的大义，以顺势而为和热爱思考的态度成就美好人生……

更重要的是，他们深受东方哲学和中国传统文化的影响，一生都在追求正确的为人之道，追求做人应有的姿态，坚持利他的美好心灵，坚持正确的活法和思维方式。这些追求和坚守与中国读者有着文化上的共鸣和"山川异域，风月同天"的内在联系。

实际上，不管时代如何变化，技术如何发达，古今中外的真理都是相通的，追求"作为人，何谓正确"更是一个历久弥新的人生课题。诚如稻盛和夫在其自传中所说："决定人生的并非好运或厄运，而是我们心灵的状态……对于那些正在认真思考自己人生的人，或者正在认真学习工作和经营精髓的人，我的经验或许可以提供参考。"如果读者能够通过阅读这套自传丛书获得一些启示，借鉴一些经验，我们的出版目的也就实现了。

东方出版社编辑部

前　言

　　本田宗一郎（Honda Souichirou）（1906—1991），机动车技术员、HONDA（本田技研工业）创始人，生于日本静冈县。从普通高等小学校毕业后，他便在位于东京本乡的汽车修理厂当学徒，之后，在滨松独立经营汽车修理厂并取得成功，由此心生"成为机动车制造商"的梦想，进而开始研究引擎和活塞环。战后，本田宗一郎独自创立了本田技术研究所，销售在自行车上搭载小型引擎的助力自行车（俗称"巴塔巴塔"）。1948年，他创立了本田技研工业（HONDA），并不断研发和销售了多款知名摩托车和轻骑，如"梦想号"和

"超级小狼"等。因此，本田技研工业成为世界首屈一指的两轮车制造商。之后，他又进军四轮车市场，并率先在欧美建厂，还研发出了低排放的CVCC引擎。1973年，本田宗一郎辞去了社长职务。

上述略历是为那些认识本田的"HONDA"车标但不知本田为何人的读者而写，想必大家能够对本田有个大致的概念。

毫无疑问，本田宗一郎是在日本二战后成长起来的"商界英雄"之一。全世界皆可见的"HONDA"标的汽车和摩托车自不必说，就连如今热议的本田研发的两脚行走式机器人"阿西莫"，以及本田参战F1（一级方程式）赛事的壮举，都少不了本田宗一郎发挥的奠基性作用。

哪怕到了如今，本田宗一郎依然是日本企业家的杰出代表之一。日本经济新闻社在2000年进行的"20世纪日本经济人"人气排名社会调查显示，本田宗一郎位居第二，仅次于被誉为

"日本经营之神"的松下幸之助（松下电器产业创始人）。

本田宗一郎之所以受欢迎，不单是因为他作为一名汽修工制造出了摩托车，并成为一流车企的创始人，还因为他人生经历中较多的波澜壮阔、侠义豪情。而后者，恰恰使许多人产生了共鸣。

为制造赌上一切的天才和疯狂，从少年时代便具备的"不懈追梦"的创造精神和浪漫情怀，之后邂逅的梦想和事业的"贤内助"，努力追赶、超越他的年轻后辈们……

本田的特质和理念远不止此。整合实用性和创造性的创意，厌恶模仿、追求独创技术的挑战精神；预判时代需求和大众品位的远见性，主张"良品无国界"并放眼世界的全球化思维；反对政府干预、指挥和限制的自主独立精神；倡导"员工应为自己工作"的人本主义；重视安全和环境的公共道义心；明确目标、放权于年轻人的管理艺术；公私严格分明的企业经营伦理……即使时至今日，这些依然是不少日企面临的课题。可本田宗一郎和他的伙伴们在很早之前就已轻松地解决了它们。

除了令其他企业望尘莫及的企业管理之道，最令人印象深刻的，还要数本田宗一郎的个人魅力。他生性开朗、率直纯真、一心追梦，且不玩弄计策，一直靠实力取胜。即便失败，他也从不气馁，不忘笑容和幽默。

俗话说，"有情人相会，千里变一里"，引申义是人们对于喜欢的东西，不管多么辛苦，都能乐在其中。这正是贯穿本田一生的"经线"，亦是"本田主义"的原点。

理智的合理原则和感性的情义精神和谐地集于一身，这便是本田宗一郎独特的魅力。他这种珍贵且难得的个性，在其回顾前半生的"我的履历书"中得以活脱脱地呈现。而此种经历和轨迹，亦是经历战争、从战后废墟到经济复苏、再至经济腾飞的那一代坚毅日本人的缩影。

本书既包括本田宗一郎于1962年8月在《日本经济新闻》这份报纸上开始连载的"我的履历书"的全部内容，也包括本田公司企业史记等方面的文章摘录，还有一些本田执掌企业后期所参与的大事业和项目，以及他退居二线后的一些人生轨迹。

在本田完成"我的履历书"连载后的社长任期内，有六大精彩的高潮之处。它们先后是进军四轮车市场、参加F1赛事、称霸轻型汽车市场、苦斗于小型乘用车市场、研发低排放引擎以及引退。

此外，本书还会介绍与本田一路携手25年的事业伙伴——藤泽武夫。他和本田一起，打造了今日广为人知的"HONDA"，并一直肩负着企业的经营重任。可以说，藤泽武夫是本田的"贤内助"，是企业财务、销售、组织管理、海外扩张等全盘经营实务的实际负责人。通过藤泽武夫的所言所行，能够为读者呈现一个更为立体的本田宗一郎，同时也更能理解他们所处的那个时代。

　　在本田宗一郎去世 15 年后，日本的经济泡沫破灭，之前支撑日本繁荣的各种制度和系统皆出现功能性问题，人们感到闭塞压抑。在此情况下，日本并未能挽回"失去的 10 年"，就这样迈入了 21 世纪。如果拿本田宗一郎所在的年代与今日相比，其时代环境的确截然不同。但针对企业家和商业人士"活法"的课题，却并未改变。在日本"没有海图，茫然航行"的今天，本田宗一郎那种化梦想为力量、勇往直前的活法和思维方式，反而愈发新鲜，愈发具有现实意义。此外，本书中的人物皆沿用当时头衔，且省去一切敬称，请各位读者知晓。

　　　　　　　　　　　日本经济新闻社编集委员

　　　　　　　　　　　名和修

　　　　　　　　　　　2006 年 6 月

目　录

第一章　我的履历书

第二章　风云变幻的十年

第三章　我的思维方式

第一章 我的履历书

生于滨松铁匠家

　　1906 年，我出生在静冈县滨松市下面的磐田郡光明村（今滨松市天龙地区）。父亲仪平是铁匠，我是家里的长子，呼呼的风箱声和哐当的铁锤声伴着我长大。我爷爷是庄稼人，我父亲却从事铁匠这一行。因小时候家境贫寒，我经常背着妹妹去上学，放学后也经常帮父亲拉风箱。早在尚未清楚记事起，我就喜欢把废铁折弯，做出形状莫名其妙的东西。因此，对我来说，敲敲打打地制造和修理农具是一种乐趣。

　　早在上学之前，我就对摆弄机械和引擎感兴趣。当时，离我家四公里左右的地方有家碾米作坊，那里有台碾米用的发动机，这在当时可算十分稀罕了。当时，爷爷经常背着我去那里买米，那发动机运作的声音，还有它冒出的青烟里所带的石油特有的气味，都深深令我着迷。距那家作坊一公里的地方，还有一家木材加工所，那里有锯木头的电锯。我好喜欢看强劲的电锯轻而易举地锯开木头，也喜欢听它发出的"嗡嗡"的声音。总之，只要看着机械运作，我就会感到很快乐。

我在上小学（山东小学校）时，由于理科直到五年级都是教植物和昆虫之类的知识，因此我不感兴趣，成绩也不好。到了六年级，理科的内容变成了电池、天平、试管、机械之类的，于是我一下子就喜欢上了理科。不过喜欢归喜欢，我虽然的确理解老师讲的内容，也能够有问必答，可一到考试，我就蒙了。因为我讨厌习字和记读音，对写字也嫌烦。我这人手巧，动手做东西不输别人，但文字表达能力不行。我特别讨厌老师教造句、作文之类的，但凡上这种课的时候，我常常会溜出教室，爬到学校后山的树上，呆呆地仰望天空。直到现在，我看书依然很难看进去，还是更喜欢看电视，靠耳朵和眼睛高效地获取信息。

记得小时候，村里刚通电装电灯。当时，看到拉线操作的电工腰上挂着钳子和螺丝刀爬到电线杆上，我十分佩服和激动。说得夸张点儿，当时在我眼中，这简直就是英雄，甚至回家后依然久久不能忘怀。于是，我爬到坐在地炉旁的爷爷的肩上，扯着他已秃得差不多的脑袋上的几根头发，得意地大喊："我是电工啦！"

记得小学二三年级时，有一天我放学后正赶着回家，突然听到有人说村里来了汽车。于是，我什么事儿都不管，径直飞奔过去看。只见一辆搭着软棚的汽车从远处开来，在村里狭窄的道上缓缓行驶，慢得就连当时的我都能追上，我还抓着车尾"乘"了一阵。这是我头一次看到汽车，激动程度自然不言而喻。那汽车只要一停下来，底部就不断滴油。而那油的气味，当时对我而言既奇怪又新鲜，很难用语言表达。我趴在地上，像小狗一样嗅着它的味道，还把油涂在手上抹开，贪婪地把那气味吸入肺里。就在那时，我心中生起了一个懵懂的梦想：有一天，我也要造出汽车。那之后，村旁的小镇经常有汽车来，而我每次都会在放学后赶回家，然后背着妹妹奔过去看。

1914年秋天，我正上小学二年级。有一天，听说滨松的步兵联队基地会有飞行表演。说起飞机，我当时只见过图片，没看过实物，因此无论如何都想去见识一下。可思来想去，就算去求父亲，他也不会答应，于是我决定擅自行动。在飞行表演开始的数日前，我偷偷拿了家里2分钱，作为"储备资金"。

左等右等，终于到了举行飞行表演的那天，我若无其事、大摇大摆地骑上了父亲的自行车，朝着滨松方向拼命蹬。自不必说，当天我翘课了。当时，还是小学二年级学生的我，根本够不着那么大的男式自行车的脚镫，于是只得一只脚伸到自行车的横杠下面，整个人悬在横杠的一边玩儿命蹬，因为自行车的车架是三角形的，这种姿势当时被称为"三角蹬"。我一路蹬啊蹬，终于看到了联队基地，内心雀跃不已。

可这份欣喜只持续了片刻，因为联队基地的训练场被栅栏围着，要付入场费才能进去看飞行表演。我记得入场费是10分钱左右，而我兜里就只有2分钱，于是站在自行车旁发呆，不知该怎么办。想到好不容易来一趟，我无论如何都要看到飞行表演，万分着急时，突然发现近处有一棵高大的松树，于是我噌的一下爬了上去。因害怕被人发现，我还折了些树枝，堆在脚下当掩护。

就这样，我的目的达成了。虽然距离隔得远了些，但我在那里生平头一次看到了真飞机，还有当时知名的美国特技飞行员阿特·史密斯（Art Smith）的飞行表演。这令我十分震撼和感动。归途虽然还是一路"三角蹬"，我却感到分外轻松。一路回想着阿特·史密斯反戴鸭舌帽、头戴飞行员护目镜的英姿，我也不知不觉地把头上学生帽的帽檐转到了后脑勺。

我当时已经做好回家后被父亲臭骂一顿的心理准备，于是到家后毫不掩饰地将自己偷钱看表演的事情和盘托出。父亲一开始确实发了点火，但接着就问我："你这小子，真的见过飞机了？"听父亲的口气，他甚至还有点羡慕。后来，我好求歹求，从父亲那里要了顶鸭舌帽，又把纸板做成护目镜的

戴着护目镜，对特技飞行员阿特·史密斯心生憧憬的本田。1914 年。

样子，还把竹子做的螺旋桨安在自行车前面。在很长一段时间内，我经常反戴着鸭舌帽，戴着"护目镜"，骑着带"螺旋桨"的自行车，得意地四处炫耀，假装自己是阿特·史密斯。

虽然我憧憬机械设备，迷恋发动机，可正如前述，我书写和做题不行，所以成绩单并不太好看。但论调皮捣蛋，我却不落人后，因此获得了"调皮鬼""淘气包"之类的称号。

我的小学后山有片瓜田，我经常潜入其中，在结出的西瓜上挖个洞，把里面的瓜瓤吃得干干净净后把有洞的一边朝下放，掩盖"作案痕迹"后溜走。不过有时会被校长发现，于是我被骂得狗血淋头。

此外，学校附近有一座叫"清海寺"的寺庙，寺里有一口大钟，那里的钟声是全村人吃饭的信号。换言之，钟声一响，大家就知道到了吃饭时间了。有一天，我又翘课去学校后山闲逛，玩着玩着，肚子饿得不行，于是偷偷溜进清海寺爬上钟楼，敲响大钟，打出了正午时报。这样一来，不光是学校，整个村的时间都被我肚子的"生物钟"带歪了，我则飞奔回家，第一时间吃上了午饭。后来，大人们知道了这是我捣的鬼，狠狠"修理"了我。而我的"事迹"远不止此：把学校池塘里养的红色金鱼用油漆涂成绿色；放学回家后看到隔壁石匠铺做的地藏，觉得鼻子形状不中意，就拿来父亲的锤子，自说自话地"修正"起来，结果用力过猛，把地藏的鼻子凿没了……

就算是如此淘气调皮的我，也有难受和不甘心的时候。

前面提过，我小时候家境贫寒，因此父母也不怎么给我买衣服，于是我经常一件衣服穿很久，袖口沾满了擦的鼻涕，硬得简直和合成树脂有一拼。当时，有户邻居家里很富裕，每到5月份的传统节日，家中还会摆出弁庆和源义经等英雄武将的人偶，我自然也很想去看看，可一去那户人家，对方就说："你这样的脏孩子没得看！"然后把我轰走。那时的不甘心，我至今难忘。直到现在，我都对以"有钱""没钱"为标准，区别对待他人感到不齿。因为有过这种心酸的经历，所以我坚决抨击这种势利行为。我一直坚信人人平等，也将其贯彻到如今的企业经营之中。

还有一段经历也类似。记得那是在我上普通小学三四年级的时候，那天是天长节（天皇生日），因学校要举行庆典仪式，所以家里也让我穿得体面一点去上学。我穿了一身碎白点花纹的传统日式服装，母亲还给我系上了崭新的绿色外衣腰带。我并不知道那条腰带是母亲的和服腰带，得意扬扬地到了学校，结果被班里同学一个劲儿地嘲笑："羞！羞！你的腰带是女人的……"那天，我哭着回了家。从那以后，我想了很多，得出的结论是：把颜色分成"男人的""女人的"实属荒唐。喜欢什么颜色，穿什么衣服，是每个人个性的选择，不应被所谓的"大众常识"左右。若给别人带来不快，或给人制造麻烦，那自然不对；可若没有影响到他人，着装和颜色则应属个人自由。

　　直至今日，我的这种想法亦未动摇。这也是我经常穿红衬衣、打扮率性的原因。如果没有这份勇气和魄力，就没法弄出好设计。至于"设计"与"艺术"的区别，我后面会讲到。

　　再说回我的学生时代，从普通小学毕业后，我便升入了二俣的高等小学校，在我高小即将毕业时，父亲改行开起了自行车行。为此，父亲开始订阅名为《车业世界》的杂志，而我也成了其热心读者。有一次，我无意间看到杂志的广告栏里登着一家东京汽修厂的招人广告，那家汽修厂名叫"ART 商会"。

在汽修厂当学徒

在看到那则广告之前，我心中就早有去汽修厂工作的意愿，而那厂名里的 "ART"，给我一种说不出的时髦感，于是我立马写信，向对方表明自己想当学徒的愿望。不久，我就收到了回信，上面写着："可以，你上东京来吧。"梦想成真后，我十分激动。可作为家中长子，母亲不太赞成我独自去遥远的东京打拼，倒是父亲对我的决定表示了理解。我高小正式毕业后，父亲就带着我坐上了从滨松到东京的火车，当时，我的行李就只有一个柳条包。那是 1922 年的春天。

ART 商会在东京本乡汤岛五丁目。乡下小地方出身的父亲和我之前从未来过东京，面对眼前的繁华目瞪口呆。一番走街串巷后，我们总算找到了 ART 商会，见到了商会老板榊原侑三。父亲把我托付给他后，便放心地赶回了老家。我当时也很满意，目送父亲离开商会后，便开启了我在汽修厂的小学徒生涯。

然而现实与梦想大相径庭。最初离开故乡、踏上东京的土地时，我踌躇满志，心中的希望如烈火般点燃。可现实如何呢？我每天的活儿就是照料商会老板的孩子。那孩子还只是个婴儿，我每天背着他，一旦背后感到一阵温热袭来，就知道他又尿了。每当这时，学徒前辈们就会嘲笑我："看呐，本田背上又出现世界地图了！"我当时暗暗劝自己"小学徒一开始都得受这份罪"，且只能咬牙忍着。

就这样，日复一日地，我手上拿的不是梦想中的扳手等修理工具，而是做家务活儿用的抹布。我既失望，又感到窝囊，好几次都收拾好了柳条包，想从二楼爬绳子溜走。可每次想到家中父亲愤怒的样子和母亲哭泣的面容，我都下不了最后的决心。

这种没有奔头的日子持续了差不多半年。好在当时东京的汽修厂不多，因此 ART 商会生意兴隆。有一天，老板对我说："小鬼，今天实在忙不过来了，你也来帮忙。"我当时怀疑自己是不是在做梦，真是开心得不得了。记得那天是下过雪后的大冷天，我却完全忘记了寒意，在地上铺好席子后，便一头钻进了"滴答滴答"滴油的汽车底盘下面，埋头修理钢索断裂的汽车底盘盖。

这便是我生平头一次修汽车，我至今难忘那时的激动。从那之后，我渐渐获得老板的赏识，令人厌烦的带孩子工作慢慢减少，修理工作慢慢增加。后来回想起来，最初半年带孩子的"保姆工作"还是对我有益的，毕竟只要一想到那时不得志的愁苦和后来获得发挥机会的喜悦，便觉得在之后的人生路上不管遭遇什么艰难困苦，都能毅然克服。换言之，从长远来看，人生阅历并无"无用功"之说。

在我刚好当了一年半学徒时，也就是1923年9月，发生了关东大地震。记得刚有摇晃的震感时，我的第一反应竟是去保护电话机。因为听说电话机价格不菲，所以我想用螺丝刀把电话拆下来转移走。

结果老板对我吼道："拿走电话有什么用！先保车要紧！会开车的人赶紧一人开一辆，把车转移到安全的地方去！"地震发生后，火灾四起，火势也渐渐窜向

ART 商会，可厂里有好几辆客户的汽车。听他如此发令，我心中暗叫："好极了!"于是跳进一辆修理中的汽车，将其开到外面的马路上。马路上尽是避难的群众，我见缝插针般地行驶其中，虽然慌张且危险，但这是我生平头一次开汽车。对当时的我而言，这是无上的喜悦和机会。

最终，ART 商会的厂房被烧毁，我和老板一家暂时到神田车站附近的铁桥下避难。旁边恰好是食品公司的仓库，于是我们从那里拿火灾后烧剩下的罐头果腹，最后吃到腻。

避难期间，只要一有空儿，我便骑着摩托车，在沦为火灾废墟的东京市内转悠。有的人因住的宅子被烧不得不回老家，却苦于没有交通工具，我便让他们坐到摩托车的挎斗里（该摩托车附有一个可以坐人的挎斗，俗称的"边三轮"。——译者注），载他们到板桥一带。作为感谢，他们会给我不少车钱，而我则拿着这些钱去农户那里买米。至于老家的父母，我暂且向他们报了平安。说实话，每天骑着摩托车这样转转悠悠，对我来说真是一大乐事。

本田在 ART 商会当学徒的时代。关东大地震后，为了修理汽车，本田穿梭在处处沦为火灾废墟的东京市内。1923 年。

地震后，厂里原有的十五六个修理工几乎都回老家了，除老板一家子，只剩一名学徒前辈和我两个人。老板承接了大量的汽车修理业务，这些汽车都是在芝浦工业区火灾中受损的。由于当时材料和零件匮乏，老板仅仅把车的外观涂装一新，做好"门面活儿"，以现在的标准来看，这大概属于"忽悠客户"，但当时在一番捣鼓后，好歹还是让汽车能够重新发动了。当时，最让人头痛的部件是轮辐，因为在那个年代，汽车轮辐皆是木制，一旦遇到火灾，就什么也不剩了。

　　开汽车、骑摩托兜风、学习修理技术……从某种意义上说，那场地震反而成就了我。

从小鬼到被"封神"

我在 ART 商会总共当了六年学徒。其间，有悲有喜，也有许多奋斗和失败史。

由于我出身乡下且家境贫寒，没什么零花钱，因此即便休息日出去消遣娱乐，最多也只能去去浅草之类的地方。某个休息日，我正准备去浅草玩，学徒前辈却对我说："我教你怎么不花钱乘电车，你跟着我就行。在下车时，你紧紧跟在我后面，举起右手，握成拳，向后竖起大拇指就行。"这便是他给的"秘诀"。于是我们坐上电车，到了浅草站下车时，他在我前面，一边往后竖大拇指，一边顺利下了车。我看到后，也立刻照他的"秘诀"行事，把大拇指往后一竖就要下车。可就在我以为成功过关的瞬间，乘务员突然叫住我："喂喂！等一下！"于是，我坐"霸王车"的计划终告失败。想想也是，我后面又没人，拇指竖了也白竖。结果，我不但得付自己的车钱，还得付前辈的那份。

而想起浅草，我脑中第一个浮现的便是西瓜，其中有个小故事。当时我去浅草玩的乐趣之一是吃东西。不过因为没什么钱，所以只能去路边摊吃，最多花个 10 分钱左右。可有一次，正好刚拿到工资没几天，我和学徒前辈便商量着趁手头还有富余，去中餐馆尝尝鲜。于是，我俩走进了浅草的一家中餐馆。

我们找了个二楼的位子刚坐下，便被映入眼帘的一大盘西瓜吸引。那盘西瓜切得极漂亮，看起来十分美味。既然是放在盘子上的，那自然是可以吃的。这么想着，我俩便毫不客气地大快朵颐起来，味道果然极好。我心中暗暗担心："吃了这么多，等下会不会收我们好多钱……"就在这时，女服务员走了过来，吃惊地问我们："哎呀，你们吃了放在这儿的西瓜?""没错，味道很好，怎么了?"我反问道。结果她告诉我们，那是引苍蝇用的西瓜。西瓜本身自然是不差的，可得知真相的我顿时一阵恶心。虽然后来点了拉面，但实在没了胃口。这出洋相，确实蛮丢脸的。

前面提过，我父亲起初是铁匠，后来改行卖自行车，家里可谓与机械有缘，再加上我天生喜欢摆弄机械，所以在学习修车技术时学得较快，进步也显著。或许正因为如此，老板逐渐认同了我的技艺，把我视为能够独当一面的修理工，渐渐地委派我独自去客户那里登门修车。

记得某个夏日的一天，老板对我说："神田前面的九段有辆车因为变速箱齿轮损坏而抛锚了，你去看看。"于是，我骑着自行车赶往现场。赶到之后，我拆下变速箱一看，发现只有拿回厂里才能修好，便把满是黑色润滑油的变速箱绑在自行车后座，哼着歌往本乡的厂里赶。当时夕阳西下，天就快黑了。我没开自行车灯，一个劲儿地往前蹬。在蹬到水道桥时，隐蔽在暗处的一名巡警突然冒了出来，他身穿白色制服，戴着白色手套，身上还有佩剑，大声叫住我："小鬼！过来一下！"并用手按住了后座上的变速箱。

"哪有你这样的？骑车居然不打灯？来岗亭接受下教育！"大概是看我年纪小，他的态度高高在上。可一走进灯光敞亮的岗亭里，他就傻眼了——他那雪白的制服和手套，都沾上了黑漆漆的油污。被"摆了一道"的巡警立刻冲我撒气："喂！小鬼！你干吗在自行车上放这种东西……"他一口一个"小鬼"，喋喋不休地严厉训斥我。

由于我迟迟没有回去，修理厂那边炸开了锅，老板又是打电话，又是叫伙计出去找。老板也好，前辈也好，都觉得我这个乡下小子肯定迷路了。出门找我的前辈几经辗转，终于在那个治安岗亭发现了还在站着接受巡警教育的"金丝缎少年"（当时，修理工等从业人员的工作服一般都是从外国进口的廉价旧衣服，这些旧衣服类似军官服，上面有金丝缎装饰。我穿的工作服也属于这种），于是进来替我求情，总算使我得以全身而退。

在我 18 岁那年，老板安排我去盛冈出差，任务是修理那里消防队的消防车。这也证明了当时我年纪虽小，但已是技术了得的修理工了。于是我激动地坐上火车，赶到遥远的盛冈。可我一到目的地，以消防团团长为首的一众接洽人皆向我投来了诧异的目光。他们满脸疑惑，似乎在说："这个小鬼能来做什么？"而他们也的确把我当小鬼对待——安排我住的旅馆房间是紧邻女服务员的，比标间还差。而我在着手修理时，他们见我拆下汽车的一个个部件，似乎都冒冷汗，大概怕我反而会越修越坏，还忍不住问我："小鬼，你（把车拆成这样）真的没问题？"

是在这样的怀疑和"监视"下，我默默地持续地修理着那些消防车。到了第三天，我把所有部件都装了回去，宣布大功告成。作为验收，他们发动消防车，引擎顺利启动。"啊啊！都恢复正常了，也能出水了！"团长等人如此惊叹道。此时，我甚是得意，而他们之前那藐视的眼神也顿时转为敬佩。

那天傍晚回到旅馆时，我的房间已经从紧邻女服务员的下等房换成了带凹间（设于日式房间，位于客厅内部，比地面高出一阶，可挂条幅、可放摆设，可装点花卉等用于装饰的空间）的一等房。人真是现实的动物，他们今早还当我是个小鬼呢，可一眨眼的工夫就把我"封神"了。这种坐火箭般的待遇改善，反倒令我不知所措了。不但给我上酒，女服务员还前来斟酒。那是我生平头一次喝酒，再加上是女人斟的，因此我非常紧张，拿酒杯的手"哆哆嗦嗦"地抖个不停。

我当时还是懵懂的少年。现在回想起来，一开始那个紧邻女服务员的下等房才是"近水楼台先得月"的好房间，错过了机会，现在想想还有一丝遗憾呢。不过比起这些，那一趟最大的收获是让我懂得了技术的价值和珍贵。

回到东京后，我向老板如实报告情况，他听了后也大为高兴。此后，老板愈发赏识我的技术，而我也继续努力工作。后来政府征兵，我被误诊为色盲，因此"逃"过了"甲类合格"的入伍命运，于是又在老板那里多干了一年。

本田轶话 1

ART 商会的老板榊原侑三既是优秀的机械工程师，也是杰出的企业家。他并未止步于汽修业，后来甚至涉足活塞制造领域。

对于"你尊敬的人物有谁"的问题，本田的回答中必有他曾经的雇主榊原侑三。当时，ART 商会的汽修业务并不只限于汽车，还包括摩托车。在当时的日本，不管是汽车还是摩托车，都只有一小撮富人才消费得起，且产品基本都是进口货。不仅如此，与现在相比，当时世界上大小车厂林立，品牌数量众多，而日本路上跑的大都是琳琅满目的外国车——有大规模量产的车型，也有小规模生产的高级车型，有跑车，也有外形稀奇古怪的车……ART商会承接各式车型的修理业务，对求知欲旺盛的本田而言，这里可谓绝佳的实习之地。

HONDA第二代社长河岛喜好曾说："本田老爹（HONDA的员工们爱称本田为"老爹"。——译者注）的机动车机械知识不但面广，而且深入，让旁人常常惊叹。他对机械结构非常精通。在ART商会当学徒时，以及后来经营ART商会滨松分店时，他通过'实地''实物''实际'的方式，掌握了这一切。他不光有理论知识，且有实操经验，从焊接到铸造等各方面，都是能工巧匠的级别。像我们这些只有书本知识的人，实在是比不过他。"

在 ART 商会当学徒时，本田曾协助榊原兄弟打造赛车"寇蒂斯号"。在参加比赛时，本田以"陪同机械师"的身份同乘。1924 年 11 月 23 日，他们在第 5 届"日本汽车竞速大会"中夺冠。照片中的 3 人，中间为本田宗一郎，左边为 ART 商会老板榊原侑三，右边为赛车手榊原真一。

两个年轻人成立滨松分店

在 ART 商会当学徒的六年间，我不仅全面掌握了相关技术，也掌握了机动车的结构、修理方法以及驾驶技能。承蒙老板对我的信任，他允许我出去开分号。于是，我在离老家不远的滨松挂起了 "ART 商会滨松分店" 的招牌，自己经营汽修生意。那一年，我才 22 岁。

"ART 商会滨松分店" 的字号听起来十分气派，但其实就我和一个小学徒忙里忙外。换言之，整个分店就两个人。但家中的父亲还是由衷祝贺我，作为贺礼，他还送了我一处房产和一袋米。

在我开业时，论竞争的同行，整个滨松不过两三家。而在开业初期，我虽说是店主，但看起来只是一个刚过 "征兵体检" 年龄的小伙子，因此旁人往往觉得："那个毛头小伙子，会修什么汽车?" 这导致我们分店常常接不到活儿。随着时间的推移，其他汽修厂修不好的车到我这里就修好了，所以我们店的口碑一点点积累了起来，最后甚至有人"传谣"说："ART 商会滨松分店不管什么车，不管什么问题，全能修好。"承蒙大家的厚爱，分店的经营终于迈入正轨，那年的 12 月 31 日，我算了算总账，分店盈余了 80 日元。

那是分店开张的头一年，仅仅 22 岁的我看到这 80 日元的利润，感到无比欣喜。我下定决心，这辈子一定要攒够 1000 日元，于是继续拼命工作。由于我热爱机械，手也灵巧，因此除了热衷于改良手头的工具和部件，还喜欢研究和制作等。这些活儿让我乐在其中。

比如前面讲关东大地震时提到，当时的卡车也好，轿车也好，轮辐都是木制的。我关注到了这点，于是想出了"铸造轮辐"的点子，并申请了专利，还在专业博览会上展出，结果大受好评，甚至出口到了印度。

到了 25 岁时，每个月赚 1000 日元对我而言已轻而易举。22 岁时，我还在想着一辈子攒 1000 日元，可在短短数年后，我每个月赚的都不止 1000 日元了。这时，店里的员工增至 50 人左右，汽修厂的规模也不断扩大。

随着收入的大幅增加，我的娱乐消费支出也愈来愈高，"节约攒钱"的想法不知不觉被我抛到了脑后。我本来就讨厌玩乐时小里小气、畏畏缩缩的。"又不给他人添麻烦，花的也是自己的钱，天经地义！"在这一想法的驱使下，我出手阔绰、豪迈大方。

凭着自己年轻和有钱，我当时包下艺妓，与她们饮酒、唱歌、欢闹……还带着她们四处游玩。拜这段经历所赐，我虽然完全没有经过任何专业学习，却自然而然地记住了三弦曲、短歌和都都逸（一种俗曲，主要唱男女爱情。——译者注）的唱腔和唱词，并且敢在人前大声唱出来。

二十五六岁时，我已拥有两辆私家车（那时候叫家用自备车），当然都是进口货。我经常载着艺妓，和她们游山玩水。

记得有一次，我载着一名雏妓（尚未能独当一面的艺妓，日语中称"半玉"。——译者注），去静冈赏花。赏花时，我们喝了许多酒，回来的路上，在车里还接着喝。当车行驶到天龙川大桥上时，我一不小心把错方向，车先是碰到桥栏，导致桥栏的 20 多个扶手被撞坏，然后整辆车从桥上坠下，栽到天龙川里。这完全是我醉酒驾驶惹的祸。

幸运的是桥并不高，车也正好栽在水边的滩涂里，我俩都捡回一条命。当时，我脑子里冒出的头一个想法是"绝对不能再上地方报纸了"。之所以用"再"这个字，是因为在那之前不久，我和税务署的工作人员因为纳税问题而大吵，当时我气不过，拿起手头的水管就放水浇他。25 岁的小伙子过得比四五十岁的公务员还潇洒，整日挥金如土，出入高档娱乐场所，我觉得对方为难我肯定是出于羡慕嫉妒恨，因此非常不服气。结果第二天，当地报纸头版赫然刊登以"ART 商会的荒唐之举"为标题的报道。

如果再来一则"ART 商会与艺妓的荒唐之举"的报道，那我真得吃不了兜着走了。于是，我悄悄地把同行的雏妓拉出车、扶上桥，并给了她几张钞票："你先用这些钱叫辆出租车回去，别被人发现了。"可她却依旧哭个不停，我问她为什么还哭，结果她说："我穿的木屐不见了一只。"

"别管了，到时候我再给你买新的。"就这样，我总算把她劝走了。这也是我这辈子最深刻地感受到女人对自己物品的强烈执着。

又是醉驾，又载着艺妓，又是飞车坠桥，好在没上报纸，这一页算是翻过去了。不过这事儿还有个小小的后续。

那已经是我创立东海精机，从事活塞环制造时的事儿了。当时正值战时，我和宫本专务一起乘公交车前往磐田工厂。我们先是坐着，途中有个背着孩子的主妇上车，抓着拉环站着。于是我想把座位让给她。就在我说出"请坐"的那一瞬间，我们四目相对。"啊！这不是本田先生嘛！""啊啊，你好！好久不见。"没错，那个主妇便是当年与我一同栽到天龙川里的雏妓。一番寒暄后不久，公交车正好开过天龙川大桥，她说道："当年就是这里呢！"这也勾起了我对那次赏花经历的回忆。

但我身旁的宫本专务可就丈二和尚摸不着头脑了。之后，他追问我："你和那女人刚才说的什么？'当年就是这里呢'是什么意思啊？"于是，我把之前从未告诉过别人的上述经历向他和盘托出。我讲得生动详细，惹得他捧腹大笑。

在战时，未参军去前线的青年必须加入所谓"青年团"，其中有个轮班的组织叫"自警团"（其任务是维护社区治安，可以理解为平民志愿保安巡逻队。——译者注）。每到冬天，自警团必须从晚上11点巡逻到次日凌晨5点。作为成员之一，有时自然会轮到我值勤。不过我的夜间巡逻的排场可不一般。我会召集数名年轻艺妓，让其中一人敲着竹板儿走在前头，另外两人紧紧伴我左右，在寂静的路上大声唱曲儿。而此时，我家里还有一名艺妓，在热着酒等我回来歇脚。待我回到家暂作小憩时，她就斟上热腾腾的酒："您喝一杯暖暖身子。"待全身暖和之后，我便再出去巡逻，如此反复，可谓阔绰豪迈。街区的长者们对此点评道："本田的夜间巡逻排场大，让人挺有安全感，这点是不错，不过也太吵了。"

27岁时，我娶了现在的妻子，当时是我自己开车上门迎娶的她。她村里的父老乡亲见状后，向她惊叹道："你嫁的是司机啊！"顿时对她心生敬意。那个年代，只有极少数人拥有私家车，就连给人开车的司机都被人高看一眼。在婚宴上，我叫来了熟识的艺妓们前来助兴，还亲自唱起了《龟鹤吉祥调》，并载歌载舞。来参加婚宴的增田常务等公司同事惊得目瞪口呆。

虽然我当时经常和艺妓们混在一起，和她们可谓关系融洽，但我也曾对艺妓做过很过分的事，至今回想起来都寒毛直竖。每年5月，滨松都会举办"章鱼节"。有一年的章鱼节当天，我和一个朋友去高级餐馆叫了一名艺妓，三人一起喝酒唱歌。酒过三巡，我俩喝高了，她大概也喝高了，对我们有些出言不逊。我俩的火气一下子上来了，对她训斥道："你牛什么啊！"然后趁着酒劲，把她从餐馆二楼的窗口扔了出去。外面突然火花四溅。

我们伸出头一看，只见那名艺妓挂在了电线上，导致电线短路，我们所在的包间和周边区域全都停电了。我顿时醉意全无，赶紧冲到餐馆外面，抓住被电线挂着的艺妓的脚，总算把她救了下来。正值5月，幸亏她身上的衣服还比较厚，才逃过一劫。假如她没被电线挂住而直接掉落路面，恐怕早就没命了，而我，也许至今依然在监狱中服刑，自然也不会有什么本田技研工业了。所以说，千钧一发之际得救的，或许是我本人。

上述事件中的艺妓，如今已是一家酒馆的老板娘。直至现在，每次见到她，我依然羞愧难当，抬不起头来。

本田开着自制的摩托艇兜风。

可见，我年轻时真可谓浪荡贪玩，但我并不认为这纯粹是浪费光阴。正是这段经历，让我逐渐认识到深层的人性，而在被人夸赞、逢迎的过程中，我也渐渐体会到人情世故的微妙之处。要问我为何与传统的认真严肃的技术人员有所不同，也许原因就在其中。只要不给别人添麻烦，不花别人的钱，在条件允许下，我觉得趁年轻时如此经历一番，似乎也不错。当然，我并非提倡这么做……

除了工作，我年轻时还经常利用闲暇捣鼓和制作各种机械装置，这本来就是我的一大爱好。我还自制摩托艇，载着年轻员工和艺妓在滨名湖上畅游。所以说，如今流行的所谓"摩托艇劈浪"，是我早就玩剩下的东西，对我而言，已经过时了。

在我当时制作的各种东西里，最让人难忘的便是赛车。那还是我在东京的 ART 商会当学徒的时候，有一天，热爱赛车的老板对我说："你试着造辆赛车看看。"作为铁匠的儿子，我会钣金活儿，于是每天工作结束后，我便从晚上 8 点左右忙到 12 点左右，一边流着鼻涕，一边"哐哐"地敲啊敲。起初的几辆试制车用的都是炮兵工厂淘汰下来的旧车（戴姆勒-奔驰的奥克兰汽车）底盘，然后在此基础上打造车身。之后，又从位于千叶县津田沼的航空学校弄到了淘汰下来的"寇蒂斯号"飞机引擎，通过对引擎进行改造，我造出了两辆赛车。这两辆车因速度快且行驶平稳，最终在比赛中夺冠。由于这段经历，因此在滨松经营分店时，只要一有空，我就会埋头打造赛车，今天弄一点儿，明天弄一点儿，等到整辆车打造完成后，想实测下性能的欲望让我心里直痒痒。于是，我参加了当时在东京多摩川沿岸举办的汽车赛事。对于在滨松的我而言，这属于"远征"。我出场数次，有时会获得冠军，可谓相当活跃。

记得那是 1936 年 7 月，31 岁的我参加了在多摩川沿岸举行的"全日本汽车竞速大会"。当时，我驾驶着自己打造的赛车眼看就要第一个冲过终点，时速已超120公里。就在我要冲刺夺冠的瞬间，一辆修理中的赛车从赛道旁冲了出来。我瞬间撞上了它，然后我的车整整翻了三个跟头。当时，我感到自己的身体在剧烈摇晃，视野中的景物颠倒，紧接着我被甩出车外，狠狠摔到地上后又一度弹了起来，顿时失去了意识。

1936年，日本汽车竞速大会上发生事故的瞬间。从行驶的赛车中飞出去的是本田宗一郎。

等到再次醒来，我已躺在了医院的病床上，整张脸剧痛无比。原来，是救护车把我送到了医院。这场事故使我左半边脸严重受伤，左手手臂与肩部关节处脱位，左手手腕亦骨折。而事发时坐在副驾驶位的弟弟也断了四根肋骨。负责照顾我们的护士惊讶道："你们兄弟俩命真大！"直至今日，我的左眼旁依然还有伤痕。

我自己打造的参赛赛车在福特车的基础上改造而成，而我跑到的120公里/小时则刷新了当时日本机动车竞速的时速纪录。由于事故，我未能夺冠，但主办方破格给我颁发了一个"优胜奖杯"。而我创下的时速纪录，直至前不久才被打破。想想做人也真是奇妙，有的人慢吞吞地开二三十公里/小时，却也会死于车祸；而像我这样极速狂飙的家伙，居然能死里逃生！我真可谓"捡"回一条命。

本田轶话2

日本的机动车竞速活动可追溯至20世纪初期。起初是摩托车竞速，后来有了四轮汽车竞速。从20世纪20年代起，日本的赛车事业就相当繁荣，远远超出我们如今对那个时代的想象。

不仅如此，对于海外的相关赛事，当时日本的汽车杂志等也予以了详细介绍，其信息面之广，跟进程度之深，足以令现代人吃惊。当时，日本的赛车爱好者熟知

世界各大赛事，比如作为世界摩托车顶级赛事的曼岛
TT 赛，作为世界汽车顶级赛事的欧洲 GP 大赛、勒芒
24 小时耐力赛，以及作为美国最大赛车活动的印第安
纳波利斯 500 英里大奖赛等。当然，本田也对此非常
熟悉。

让本田步入赛车世界的"引路人"亦是 ART 商会
的榊原老板。1923 年，在他的领导下，其弟榊原真一
和本田等几名学徒一起开始着手打造赛车。在那段学徒
时代，本田协助榊原兄弟打造出了"寇蒂斯号"赛车，
并以陪同机械师（Riding Mechanic）的身份一同参赛。
在 1924 年的第 5 届"日本汽车竞速大会"上，他们成
功夺冠。

为制造活塞环而陷入苦斗

28岁那年，我关掉了曾经繁荣一时的汽修厂，创立了东海精机株式会社，志在从事活塞环的生产制造。或许有人会问，明明汽修业干得不错，为何要改行呢？这是因为随着时间的推移，我手下的员工们也纷纷自己开店，可当时日本的机动车保有量并未显著增加，这使得"内卷"式的竞争不断加剧，我对此较为反感。再加上汽修说到底也就是修理行业，不管技术多好，前景和客户始终有限，因为东京人不会来滨松找你修车，美国人更不可能。而且在1937年日本国内的物资供给日益吃紧，这也促使我决定转到不那么耗费多种资材和零部件的行业。总之，这是我从修理业转型到制造业的第一步。

决定转型后，公司干部起初强烈反对，导致业务转型停滞。而那时，我恰巧又得了脸部神经痛，按照医嘱又是打针，又是温泉疗养，导致两个多月没法工作。好在其间有人替我说服了"反对派"，公司终于正式转型。结果你们猜怎么着？之前一直折磨我的脸部神经痛突然就好了。这令我吃惊不已。

可转型归转型，制造活塞环却没有想象的那么简单。无奈之下，我只能去请教铸造工坊的老师傅，结果对方冷漠地答道："你半路出家，怎么行得通？你只能先当学徒，从零学起……"可我原以为活塞环有前途，认为自己能制造，也能卖出去，因此早就花钱购置了相关的生产机械设备，再加上公司里的50多名员工每月都等着发工资，所以我根本耗不起时间，唯有取得成功。

当时，为了研究铸造技术，我与宫本专务每日忙到半夜两三点。由于没时间理发，我的头发长得老长了，只能叫妻子来厂里给我剪，剪完后我还能接着工作。一旦累得不行了，我就闷一口小酒，然后躺在暖炉旁边的席子上打盹儿。在我一生中，那是我最为殚精竭虑、夜以继日、艰苦奋斗的日子了。在这个过程中，我的积蓄

1935年的ART商会滨松分店，照片摄于本田宗一郎28岁。左边的"滨松号"汽车旁戴着墨镜的便是本田宗一郎。从左到右第15个是他的弟弟本田弁二郎。照片的最右侧是当时极为罕见的升降式修理台，这也是本田宗一郎的发明之一。

见底，还把妻子的物品拿去典当。这样下去的话，我的家人和员工都会饿死。想到这里，我更加拼命努力，可研究工作还是毫无进展，我被逼到了生死存亡的关口。

也是在那时候，我察觉到了自身的问题——缺乏铸造方面的基础知识。于是，我马上去拜访滨松高工（"高等工艺学校"的简称，类似于工业专科学校，现在的静冈大学工学部。——译者注）的藤井教授，求他予以指导，而他把同校的田代教授介绍给了我。我拿着自己做的活塞环，请田代教授分析问题。他看了看，说道："（你这活塞环）硅含量不够。"我问道："您说的'硅'这种东西，没它就不行吗？"如今回想起来，我连那样基础的知识都不懂，居然就先让项目上马了，实在是太鲁莽、太胡来了。鉴于此，我意识到要想取得突破，必须奠定基础，于是去拜托当时滨松高工的安达校长，让我成了旁听生。

在那段创业时期，我根本没时间玩乐消遣，每天都十分辛苦。但我和员工们都怀揣着希望，相信只要攻克活塞环的制造难题，公司便能拨云见日、起死回生，因此大家互相鼓励，共同奋斗。

1937年11月20日，我们终于做出了总算能用的活塞环。从项目上马到那天，已经过去了九个月。那是极其艰难的九个月，在这九个月里，公司没有产出，却要不断支付所有员工的工资。

在滨松高工旁听期间，我一直开着自己的达特桑车（日产汽车的品牌名——译者注）上学。当时，老师们都是走着来学校，我这个旁听生却开车上学，于是我立即遭到了批判。再说到上课听讲，对于老师讲的内容，其他学生都全盘接受，且认真地做笔记。可我满脑子想的都是活塞环的研究，因此在老师讲到相关内容和知识点时，我经常有豁然开朗之感："原来那个失败的原因在这里！""原来这样就能解决了！"……我虽然喜欢学习这些，但从来不记笔记。而一到考试测验的日子，我就请假。就这样过了两年，直到有一天，学校突然通知我退学。

我去找校长询问理由，他对我说："你知不知道，不参加考试的人，学校是不会给毕业文凭的？"对此，我不是碍于面子的强词夺理，而是发自内心地率直回应道："文凭什么的无所谓，我来学校又不是为了文凭，而是为了工作而来学知识的。有电影票，就能进影院看电影。可有文凭呢，连电影都看不了。这样说来文凭还不如电影票。而且即便拿到了文凭，也不能保证一定有饭碗，所以谁稀罕啊……"我如此"大放厥词"，惹得校长勃然大怒。

在学校命我退学后的很长一段时间内，我还是会抽空去那里旁听。而且这样不用付学费，也不用费神去

"对付"其他"不必要"的科目，只要汲取与我工作相关的专业知识和学术成果即可，反而比之前更加方便和灵活。这段学习经历令我收获良多，为我日后思考审视事物、追究技术疑点等方面打下基础。

前面说到，我们公司总算做出了过得去的活塞环，但为了接下来的量产和商品化，我们又一次陷入了命悬一线的苦斗——正式销售合格率较低。比如，为了给丰田汽车供货，我们做了3万多个活塞环，而在对方抽取的50个产品中，只有3个合格，实在够寒碜的。那段时间，靠着把大部分活塞环卖给中小企业，我们总算是维持住了公司的运作。

随着战争局势的变化，日本国内的物资限制也愈发严格，连建厂用的水泥都买不到。于是，我只能开动智慧，自己去收集原料，自制水泥，用来给工厂筑地基。

之后，我们的产品合格率逐步提升。两年后，我们终于成为丰田承认的合格活塞环供应商。基于此，丰田在战时通过向我们注资，拥有了我们公司40%的股份，使东海精机株式会社成长为资本高达120万日元的企业。至此，我们的活塞环生产制造业务迈入正轨，且初具规模。当时，丰田委派石田退三先生（丰田汽车工业株式会社会长）担任我们公司的董事。

"辉煌"没有持续太久，1945年，滨松地区发生了大地震，东海精机株式会社的工厂倒塌，机器设备损坏。

从制造助力自行车到摩托车

战争结束后，原本量很大的活塞环订单全没了。作为东海精机株式会社股东之一的丰田公司劝我成为其麾下的专属部件供应商，我断然拒绝，并把自己所持的东海精机股份全都卖给丰田，抽身走人。战时是出于无奈，我才受制于丰田公司，既然战争结束，我便打算遵循个性，做自己喜欢的事。况且当时有传言说 GHQ（驻日盟军总司令部）命令拆解大财阀和大工厂企业，若情况属实，丰田恐怕亦在其中之列，因此还是及时抽身为妙。

通过向丰田出售东海精机的股份，我获得了 45 万日元现金。拿着这笔本钱，我开始思考接下来做什么，可一直想不出答案。当时世道不稳，着急也没用，所以我打算先观望一年，于是整天吹着尺八（一种类似箫的日本传统乐器。——译者注），从白天玩到晚上。

当时，在东海精机工厂所在的磐田地区有一家酒精厂。我咬咬牙，以1铁桶1万日元的价格买了些其生产的医用酒精。战争刚结束时的1万日元可不是一笔小数目。我把铁桶搬到家里，擅自私造合成酒，然后不断呼朋唤友来家中共饮。

当时，磐田成立了警察学校，我受邀担任其科学技术科目的非正式顾问。当然，这是没有工资的志愿行为，当时我无聊到不行，所以这正是个解闷儿的好方法。于是，我提着私造酒，去那里喝喝酒，下下将棋，有时胡吹一通。

那段时间，我的确没做什么正经工作，但在玩乐之余，也尝试了不少事情。当时粮食紧缺，于是我在滨松海岸以海水为原料，用电制盐，然后拿着盐去和农民换米。当时，1升盐能换1升米，这已让我很开心。由于我是技术出身，制盐手艺比一般人灵巧，制出的盐质量也更好。

家中的妻子和孩子却为我担心。在他们眼中，我这个做父亲的整日游手好闲，根本没有认真工作和创业，

稻盛和夫 项目组 作品汇集

—— 2023.04 ——

我的履历书

"我的履历书"是《日本经济新闻》极具影响力的文化传记栏目，曾被《读卖新闻》誉为"时代的见证人"。该栏目开创于1956年，内容为世界杰出经营者和各界精英亲自撰写的成长经历，执笔者中有许多中国读者耳熟能详的"日本经营之圣"松下幸之助、稻盛和夫、本田宗一郎等。

2023 新书　松下幸之助 自传
2023 新书　大桥洋治 自传
2023 新书　本田宗一郎 自传
2023 新书　小仓昌男 自传

口袋书

口袋书系均为重点作者的代表作，更是深受读者喜爱的内容。用料考究，精心甄选高级皮革封面，典雅大气，长久如新。手掌大小，方便随时阅读、自己收藏、馈赠亲朋的佳品。

稻盛和夫、松下幸之助小型精装版（尺寸130*185mm）

扫描二维码
关注活法百万粉丝公众号
分享活法　自利利他
电话（微信）：18613361688

扫描二维码
了解"稻盛和夫专题"

《漫画稻盛和夫领导者的资质》

理解稻盛哲学和经营实学的入门书、突破领导困境的指南、打造优质领导的成功心法。

《漫画稻盛和夫的哲学》

《活法》漫画版。理解稻盛哲学和经营实学的入门书、改变年轻人"心"思维方式的成长之书

2023 新书

《经营之心：助力企业的"心"领导》

近几年，我们的生活方式、工作方式都发生了很大变化，许多企业也受到强烈冲击，甚至影响未来的存续。在这场严峻的考验面前，企业怎么办？谁才有机会活下来？日本"经营之圣"稻盛和夫有答案。

《阿米巴经营导入手册》

以引进阿米巴经营的三家企业为例，阐释何谓阿米巴经营、该如何引进和运用、导入前后发生的何种变化，清楚勾勒出阿米巴经营导入的路径。

《心与活法》

稻盛和夫用丰富的人生和企业经营经历阐释何谓"心态决定命运"。全书分为三部分：度过美好人生，心与经营，人生哲学是我的精神支柱。强调心态一改天地宽，改变心态不仅可以重塑自己，也可以决定事态的发展。领导人必读。

《思维方式》

所谓"思维方式"就是我们所持有的思想、哲学，或称为理念、信念也可用人生观、人格表示，也可称为"人生态度"。稻盛和夫坚持作为人应该有正面的"思维方式"的哲学，从而追求人的无限的可能性。

2023 新书

《松下幸之助自传》（我的履历书）

"日本经营之神"松下幸之助亲笔撰写，完整讲述其成长经历、创业和守业历程。本书鲜活呈现松下幸之助不同时期的生命状态，从日常点滴中探究一位伟大企业家的经营和人生智慧。

2023 新书

《大桥洋治自传》（我的履历书）

全日空社长亲笔撰写，讲述忠于一业、坚守梦想，从普通职员成长为世界 500 强企业社长的心路历程，阐释职场奋斗者该有的思维方式和活法，以获得幸福人生。

《稻盛和夫自传》（我的履历书）

稻盛和夫亲笔撰写的唯一一传记。由曹寓刚和曹岫云共同全新翻译。全书以稻盛和夫的人生经历完整再现稻盛哲学，思维方式决定人生，京瓷阿米巴的生成路径。

（平装）　（精装）

《创造京瓷的男人：稻盛和夫》
《"挑战者"稻盛和夫》

独家再现稻盛和夫是怎样从白手起家，打造世界 500 强企业京瓷和 KDDI 的全过程。

《日航的奇迹》《日航的现场力》

稻盛和夫亲自推荐。在稻盛和夫身边做了二十几年秘书的大田嘉仁执笔，真实记录了日航重建的全过程，阐释出了其中蕴含的经营与人生的真谛，更是给广大读者展示了一个践行稻盛哲学的鲜活案例。

《利他心》

畅销书《活法》的思想源泉。利他是人生和经营的原点。随书赠送"利他心"书法作品一幅。

《稻盛和夫：人生指针 经营之心》

一书三用！多功能图书，一日一句稻盛金句＋笔记本＋装裱／书签，送给自己或亲友、员工的最佳礼物书

《稻盛和夫为什么能持续成功》

超级畅销书《活法》的必备辅助读本。了解稻盛和夫思想发展轨迹，摸清稻盛经营哲学的本质，了解"稻盛和夫"是如何炼成的，汲取自己成长的养分，成就幸福人生。

《稻盛和夫经营哲学 50 条》

作者皆木和义作为盛和塾原东京负责人，结合自身经营企业的实践，形成 50 条干货满满的心得体会，帮助企业走出困境。你只要做到其中一条就成为了稻盛和夫。

《京瓷哲学：人生与经营的原点》

本书是稻盛和夫的"想法"和"活法"的原点，汇集其八十多年来的经营活动和人生旅程的精华。

（小精装）　　　（皮面精装）

《付出不亚于任何人的努力》

稻盛和夫一路走来未曾改变的人生信条。改变自我、驱动他人，在职场、家庭发挥最大潜力的勇气之书。稻盛和夫领导生涯之洞见，各阶层领导者必读指南。

（平装）　　　（精装）

曹岫云作品

领悟稻盛和夫哲学真谛 学习中国传统文化精髓

告诉你如何用稻盛哲学与王阳明心学解决工作、生活中的难题。

"稻盛哲学"的深度解读！日航重新上市的再生之道！

全方位地了解经营之圣稻盛先生的传奇人生经历和经营哲学。

心法 系列

《稻盛和夫的哲学》

稻盛和夫思想的具体呈现。用浅显易懂的语言，从心智、欲望等多维度深入探讨了"人为什么活着"这一哲学基本命题，并由此展现作者深刻的人生与经营智慧。

《心法之叁：一个想法改变人的一生》

稻盛先生现身说法，回顾自己的人生岁月，畅谈"思维方式的重要性"。本书相当于一部事业传记。

《心法之贰：燃烧的斗魂》

"燃烧的战魂"是稻盛先生一直提倡的"经营十二条"中的第 8 条。他在书中探究了"人心究竟拥有多么强大的力量"，也就是人生应有的状态。

《心法之肆：提高心性 拓展经营》

稻盛和夫的处女作，回顾了在 50 年的经营管理过程中所经历的种种困难和获得的经验教训，综合阐述了其哲学思想。最终提出了"提高心性拓展经营"是人生和事业的追求。

锻造地头力 系列

《锻造地头力：用 32 个关键词激活思考》

用"地头力"激活人类的自主性思维，让人的思考力在人工智能（AI）时代再获生机！

《锻造地头力：用 20 个思维实验实现认知升级》

AI（人工智能）时代，用人的"地头力"更好地开发和使用大脑，提升认知维度和思考深度，激发人的无限创造力。

《锻造地头力（漫画版）》

"地头力"书系在日本畅销 30 余万册。通过鲜活的职场故事，掌握突破思维定势、升级认知的三大思维方式，锻造不可取代的职场力，寻求职业发展新逻辑。

2023 新书

《未来制造业 2030》

深度剖析全球化视野下的制造业数字化转型，4 大战略助力工程链、供应链双升级，打造智能工厂。

2023 新书

《深层技术》

可持续发展时代必读的一本书。深层技术就是用技术解决迫切的社会问题，它是一种思维，是一股愈演愈烈的大趋势。63 项"深层技术"创业案例深入而具体，对中国企业挖掘已有技术潜力、创新商业模式、开拓新市场具有重要借鉴价值。

《图解生活中的行为经济学》

揭示人们的非理性行为，改变错误认知从而做出合理决策。

甚至认为我得了"战后脑残症"，因为日本战败投降而变得一蹶不振。可我自己心里清楚，我虽然在玩，但并非漫无目的的瞎玩，而是在不断思索下一个事业。

本田轶话 3

对于上述那段岁月，幸女士（本田宗一郎的妻子）的证言如下：

"他当时把所持的东海精机的股份都给了丰田公司，变成了无业游民。他对我说：'日本军部不可一世的时代总算过去了，孩子他妈，你姑且先养我一段时间。'结果他真说到做到，一点儿活都不干了。那可是粮食最紧缺的时候，除了他（本田），家里还有 3 个正长身体的孩子，我只得在自家院子里耕地种菜，去农村的娘家那里去讨米……可他倒好，就算人在院子里，也什么都不干，连杂草都不帮忙拔，有时就在踏脚石上呆呆地坐一天。隔壁邻居给他取了个绰号，叫'两手不动的仙人'。而到了晚上，他便招呼朋友来家里。有个熟人偷偷卖给他一桶酒精，他每次就舀出些招待客人。他当时唯一还像个一家之主的地方，是想到把麦子和杉树叶在锅里炒了之后放到酒精中，制作山寨威士忌，不过实际动手的是我。他只会抱怨'麦子炒太焦了'之类的，也就口头指挥挺在行。后来听别人说，他做出了制盐的机器、制冰棍儿的机器等，可他本人什么都不跟我说，也从未给家里拿过一撮盐或一根冰棍儿。"

我首先着手的是纺织机械，当时有个说法叫"吱嘎吱嘎万元户"——在滨松，只要有一台织机，收入就很可观了。这也体现了当时服装及面料的极度匮乏。而当时的主流织机是梭织机，只能做水平往复运动，生产效率较低，所以我寻思着制造能够水平纵向双向运动并快速织出宽幅织物的转子式织机。说干就干，我在之前购置的位于滨松的一块约 1980 平方米土地上，买来了 165 平方米大小的棚屋，创立了"本田技术研究所"。

可由于我之前整日玩乐，手头的资金也没剩多少，因此难以撑起制造织机这样的大项目。于是我放弃了制造转子式织机的念头，转而把目光转向助力自行车。当时，日本军队战时使用的无线步话机附带的小型发电用的引擎到处都是，我低价收购了不少。通过把这种引擎装在自行车上，便造出了助力自行车。

本田轶话 4

1946 年 9 月的一天，去朋友家拜访的本田偶然邂逅了一种小型引擎。当年，本田在经营 ART 商会滨松分店时，那位朋友在经营一家出租车公司。而在 1946 年 9 月的那一天，当本田去那位朋友家中做客时，正好看到有人寄存在那里的陆军用的老式 6 号无线步话机配套的小型发电用引擎。本田一看到它，脑中就立刻涌出了点子。

这一偶然的邂逅，决定了本田将来的目标，也成为日后 HONDA 诞生的契机，因此可谓他人生道路上的关键瞬间。本田原本就是汽修工，对引擎再熟悉不过，再加上他的发明天赋，使他当时灵感闪现——"这（小型引擎）可以作为自行车的辅助动力。"

给自行车安装助力引擎的构想之前就有。在英国等西方国家，助力自行车早就有售。如果追本溯源，摩托车本身就发祥于装上助力引擎的自行车，所以，助力自行车近乎摩托车的鼻祖、原型。但由于日本对其进口数量极少，因此只能说是"有过"，而绝非"普及"。而在战争刚结束不久的那段时间，日本的公共交通体系一度劣于战前，自行车不但是普通民众唯一的私有交通工具，也是搬运大件物品的载货工具。如果在它上面装个助力引擎，那该有多么轻松、多么方便！就这样，本田发现了宝藏级的商机，既能造福大众，又能赚钱赢利，而且还是自己最为擅长的领域。有个关于本田的广为流传的故事，说他拿家里的热水袋充当助力自行车油箱。这其实就发生在这个时期。

　　幸女士对此回忆道："有一天，他（本田）骑着一辆助力自行车回家，一进门便对我说：'孩子他妈，我造了辆这玩意儿，你试着骑骑看。'后来他告诉我，他看我每天蹬着自行车去买米买菜非常辛苦，心中不忍，所以才发明了它。可我知道，这是他事后想出来的漂亮话，或许他心里真的有点儿这样的想法，但主要目的还是想看看女人能不能驾驭它。换言之，我就是实验用的小白鼠。当时，因为要去人流较多的大路上试骑，所以我特意换上了最干净的劳动裤。结果骑了一圈儿下来，我那条最好的劳动裤变得满是油污。于是，我对他说：

'孩子他爸，你这车不行啊，客人买了后，肯定会投诉骂人的。'话这么一出口，我以为他会像往常那样用'少啰唆！别多嘴！'之类的话来掸我，结果他居然破天荒地谦虚接受道：'嗯，有道理。'"经本田查明，是汽化器的混合油气倒吹导致裤子被弄脏。按照幸女士的意见，本田在之后正式销售的车型中进行了相应的改良，杜绝了类似问题。

结果，该产品一炮打响！当时，日本的公共交通一片混乱，火车和公交车的拥挤程度完全超乎如今日本人的想象，因此，我在推出自制的助力自行车后，全国各地的自行车经销商和黑市交易商等都来购买，销售简直火爆极了。由于卖得太好，我囤积的小型引擎没多久就用完了。

反正我原本就喜欢制造机器，既然如此，我决定干脆自己造引擎。决定之后，我买下了一些在战时遭到轰炸而被别人搁置不用的相关生产设备，经过一番修理后，我开始着手制造引擎。

至于启动资金，虽然感觉有点儿对不起父亲，但我还是毅然卖掉了父亲曾费苦心购置的山林。在那个战后物资匮乏的年代，他勤劳殷实地干起了老本行——打造锅釜，分给左邻右舍和附近的村民。

而我那时制造成功的引擎，便是日后 HONDA 摩托车引擎的基石。至于我决心打造助力自行车的另一个根本动机，则是源于当时我所感到的出行不便——原来，我每次出去玩都是自己开车，可当时汽油紧张，私家车很难加到油，而火车或公交车又挤得不行，于是我打起了改造自行车的主意。

我想出的在自行车上装小型引擎的创意一矢中的，起初月产两三百辆，后来由于需求太大，每月产量增至1000 辆左右。有的自行车经销商和黑市交易商大老远地从栃木、冈山等地赶过来买我的车。这种助力自行车的确非常实用，尤其适合骑着去采购大米等重物，我自己当时也经常骑着它去妻子的娘家。不过由于当时该车的不少用户是黑市交易商，因此也在一定程度上影响了它的形象，不少人说"那是黑市交易商骑的玩意儿"。

其实，在我准备着手打造助力自行车时，家人和朋友的意见并不统一，其中有各种批评反对的声音。有的说，（日本）今后的汽车保有量肯定会不断提高，还是再开汽修厂有前途；有的却说，现在是汽油紧缺的时代，哪有人会去骑什么助力自行车……对此，我坚持道："正因为现在缺汽油，所以才需要油耗低的助力自行车。哪怕加的是从药店买来的挥发油，也照样能跑。"就这样，我毅然下定了制造小型引擎的决心。

研发小型引擎的参与者起初只有 10 人左右，其中的主力是我和我弟弟弁二郎，以及身为本田技研工业核心干部之一的河岛喜好君。河岛君从滨松高工毕业后，就立马加入了我们。在研发小型引擎的过程中，他负责绘制设计图。

本田轶话 5

后来当上本田技研工业第二任社长的河岛喜好入职于 1947 年，他也是本田招收的第一个应届毕业工程师。当时，他坐在本田家中的被炉里接受面试。

对此，幸女士曾说道："当时我丈夫对河岛先生说：'我们这里目前给不了符合学校毕业生标准的工资。'可他却说'没关系'。"

对于当时的情况，河岛本人则坦言道："那时可是1947年，是就业形势最差的时候。说实话，当时我根本不纠结工资，只要有个和工程师沾边的工作，不管哪里都成。老爹当时是滨松有名的机械师，因此我希望能在他麾下工作。再加上当时我的家在毗邻山下町的元目町，步行（到本田的公司）只要5分钟，所以也没有通勤成本。在入职初期，工资的确很低，有时还会迟发，不过好在我当时还是个靠父母养的单身小伙儿，所以问题不大。如今回想起来，我当时真是好运。简单面试后，老爹就当场敲定了，他对我说：'你明天就来上班。'"

河岛还补充道："有一件事令我印象深刻。有一天，夫人（本田的妻子）来到山下工厂的事务所。我见夫人来了，便问同事：'发生什么事了吗？'主管财务的男同事告诉我，夫人说本田不给家里一分钱，连生活必需品都买不了，所以她来借钱了。至此，我才知道，在发钱这件事上，老爹以我们这些员工优先，自己的老婆孩子反而排在次位。不敢相信吧？他就是这样的人。"

可不管助力自行车油耗多低，也抵不过当时少得可怜的汽油配额。在日本，战时的汽油配额就已经很低，而战后的情况亦无改善。个人如果使用配额限度之外的汽油，便会因违反物资管制令受罚，这导致民众极度缺乏"汽油自由"。对此，我努力思考对策，后来听说在战时资源匮乏时，日军曾在飞机用的航空油里掺松油充当燃料。了解到这些我干脆买下了一座松山，用来自产松油，然后拿来勾兑从黑市买来的汽油。由于这种"混合燃料"有一股子浓浓的松脂味，因此被盘查时，只要故作冷静地说"我（车里）加的不是汽油，是松油，不属于限制物资"，便能逃过处罚。可这种靠气味蒙混过关的玩意儿毕竟是勾兑货，自然无法与纯汽油相比，这也导致一些用户给出差评。但普通民众总是倾向于相信"完美的便宜货"，所以当时不少人甚至从北海道和九州等地赶来，捧着现金争相购买。

有一天，为了获取松油，我和同事们像往常那样在松树扎根处挖洞，然后埋下炸药准备爆破。可不知哪里出了问题，爆炸引发了山火。火势一度很大，似乎要吞没整座山。这让我十分慌张，我们必须赶在消防局发现之前把火扑灭，否则就惨了。于是，我们拼命灭火，最后总算成功将火扑灭，虽然我自己因此蒙受了火灾的损失，但我还是松了口气。

随着时间的推移，我心中逐渐萌生了打造摩托车的想法。搭载小型引擎的助力自行车毕竟行驶速度较慢，耐久力也不够，因此我十分想打造拥有坚固车身和较大马力的摩托车。在这一想法的驱使下，我凝聚了研究所全员的智慧和能力，于1949年制出了本田的第一辆摩托车"梦想号"。我之所以为它取这个名字，是基于"把梦想寄托于速度"之意。当时庆祝时，我和同事们干杯用的都还只是劣质的浊酒。可仅仅十数载后，我们HONDA已成长为拥有5000多名员工、年度销售额目标在1000亿日元左右的企业。当时我借5万日元都够呛，如今向银行贷10亿日元都轻轻松松。因此，从经营的意义层面来说，也是梦想成真。

本田轶话6

不满足于改造既有引擎的本田，开始着手试制自己的引擎，不过，他试制的第一款引擎失败了。那款引擎拥有烟囱形的汽缸，故而被称为"梦幻般的烟囱引擎"。

当时，本田向河岛说明自己的构思时，把这独特且极为新颖的引擎设计草图画在工厂车间的地上。蹲在地上率性地勾画创意草图，是本田一辈子改不了的癖好。

对此，河岛回忆道："当时如果单纯从商业角度看，最稳妥的方案自然是照抄 6 号无线步话机所配套的小型发电用引擎结构，毕竟其性能也算过得去。可从那时起，老爹的鲜明个性已然展露无遗——他无法忍受照搬既有的东西，且极度厌恶模仿别人。"

而河岛则凭着本田的口头说明和粗枝大叶的草图，认真努力地绘制出正规设计图。后来，对于公司里工程师们的设计方案，本田最喜欢问的问题是："（设计）有哪些新颖的地方？和别家相比，有什么不同之处？"这几乎成了他的口头禅。而前面提到的本田试制的第一款引擎亦是如此，其与普通的引擎截然不同。

正如其绰号"烟囱"，该引擎拥有凸形活塞和凸形汽缸盖，且采用"中央扫气"这种"奇葩"的扫气方式，与传统的二冲程结构大相径庭。当时，在摩托车用的引擎中，这种解决方案可谓前所未有。而本田如此设计的初衷，是为了改善传统二冲程引擎的缺点和不足，并提升其性能。换言之，他的目标是减少油耗和增加动力。可最后，他设计的这款引擎早早终止了研发，更别提投产了。究其原因，是当时的制造工艺精度和材料都追不上他的点子，导致研发过程中问题不断。

本田成功实现产品化的第一款引擎是名为"HONDA" A 型的传统结构引擎。因该引擎受到消费者的好评，本田继而推出了进化版的 B 型和 C 型。而到了搭载 D 型引擎的车型上市时，HONDA 的车真正具备了摩托车的外形。1949 年发售的大红色车身的"梦想" D 型可谓里程碑般的车型。这款车当时在路上格外显眼，大幅提升了"HONDA"的品牌知名度。

1997 年 10 月，HONDA 摩托车的累计产量突破了 1 亿辆。而该计数中的第一辆，便是 1949 年 8 月发售的"梦想" D 型。这款被赋予 HONDA 标志性的"梦想"理念的 D 型引擎摩托车，可谓 HONDA 正式成为摩托车制造商的明证。

进军东京，初制四冲程

　　在评价我们公司的主要成员时，最常听到的一句话是"技术的本田社长，销售的藤泽专务"。说到我和藤泽武夫君的相识，是在"梦想号"打造完成的 1949 年 8 月。

　　当时，我们公司的摩托车大受好评，这边刚生产出来，那边就卖出去了。看着自己辛苦钻研的成果受人喜爱、为人所用，我感到无比喜悦，赚钱倒是次要了。不知不觉中，我们 HONDA 已成长为月产千辆的摩托车企，可我们的经销商依旧是规模较小的自行车行、试图趁"战后乱世"发横财的黑市交易商，以及一些有门道的复员军人，可谓极不稳定。虽然把销售我们产品的老主顾们称为"不稳定分子"似乎不太恰当，但当时整个日本社会都呈现出不稳定的世相，我们亦是受害者。有的店铺昨天还在营业，但等我们第二天上门去收赊销款时，发现店面已然关张，老板连夜卷款逃跑，不知去向……在这样的情况下，我们虽然卖出去很多车，但也有不少货款收不回来。

再这样下去，我们也要被逼到破产了。在我为此犯愁之际，现任 HONDA 常务的竹岛弘君把藤泽君介绍给了我。藤泽君在日本通产省工作，而我的生意属于通产省的主管范围，因此他对我的处境很清楚——虽然不断有新发明、新产品，但苦于应收款问题而难以周转。有一天，竹岛君对我说："钱的事情，交给藤泽应该没问题。这样一来，你肩上的担子会轻一点，就可以专注于你热爱的技术领域了。"不久后，他便安排了我和藤泽君见面。

我一直喜欢与性格和能力各异的人共事。在东海精机株式会社时自不必说，甚至在那之前，我便认定绝不与自己性格相同的人合伙。既然和自己一样，那有我一个就足够了。哪怕大家朝着同一个目标迈进，也应该发挥各自独有的个性和特质。

第一次见到藤泽本人后，我觉得他这人很不错。虽说他在战时制造过加工刀具，但在机械方面，他完全是个一窍不通的门外汉。可一谈到销售，他真可谓出色的专家。换言之，他拥有我所不具备的特长。就这样，在初次见面时，我就力邀他入伙。

说到这点，我一直认为，一个人倘若无法和与自己性格迥异的人相处，其自身的社会价值亦会打折扣。虽然这世上也有亲兄弟等经营和把持的家族式企业，但企业若想谋发展，则应"不拘一格求人才"，假如重用的尽是自家亲戚，便会停滞不前。鉴于此，在我看来，本田技研工业的下一任社长必须是有能力维持公司运作、并使公司进一步发展的人。只要满足该条件，别说日本人，哪怕让老外来当都没问题。

1949 年，"梦想号"打造完成，藤泽专务也开始负责公司的销售工作。第二年 3 月，我在东京设立了营业处，作为进军东京的据点。至于我为何会有这样的想法，是因为像我这样的人在滨松那种小地方总会招来各种干扰的杂音。当时，我经常系着红色领带，开着汽车或骑着摩托车旁若无人地四处转悠，且常常半夜一两点才回家，引得邻居十分不满。对于这种早出晚归、每晚喝醉的生活方式，我自己觉得没什么问题，可家中的妻子似乎受不了舆论的压力。

听妻子说，周围人都在议论："本田家的男主人老是系着红领带，每天都很晚回家，还喝得酩酊大醉，该不会有什么情况吧……"说得我好像有了外遇一样。我认为，一个人只要不给别人添麻烦，就大可安心做自己，因此我从不在意旁人的评判，只管走自己的路。但如果

当时理想远大、携手追梦的本田宗一郎（左）和藤泽武夫（右）。

一直待在那种是非之地，则真要令人窒息。长此以往，连自己的个性都无法发挥，更别提萌生新的设计理念。在这种压抑的环境下，我认识到，必须去更加开放包容的地方发展，所以决定进军东京。

1950 年 9 月，我在东京的北区上十条建立装配工

厂。换了新地方后，我的精神状态也焕然一新，投入工作的热情也愈发旺盛。

俗话说，"一方水土养一方人"。如果一直待在闲适偏僻的小地方，造出的产品也会变得土里土气。而一想到这回总算搬到了充满灵感和刺激的大都市，我便感到神清气爽。事不宜迟，我立马申请在东京建立摩托车装配工厂，规模为月产300辆。没想到被通产省请去谈话。

当时负责审批的官员训斥我道："月产300辆？这简直是天方夜谭！你当真以为能卖出去那么多摩托车？"对此，业内的同行也对我大肆嘲讽："本田（这么做）应该是为了多拿点儿汽油配给份额，可为此做到这个份上，脑子是不是有毛病？"……可事实呢？如今别说300辆，我们HONDA都已经月产10万辆以上了。当年我要是说月产10万辆，搞不好就被送进精神病院了。

在新环境中，我持续推进研发，结果成功研制出了四冲程的"E型引擎"，替代了原先的二冲程引擎搭载在后续的"梦想号"车型上。首次试驾选的是东海道地区，目的地是箱根。

那天是1951年7月15日，风大雨大，测试车从滨松出发。骑手是河岛喜好君，他骑着自己亲手参与设计及制造的爱车，开启了新引擎的测试之旅。我和藤泽专务则坐在由我驾驶的自己的汽车（进口车）里。从静冈县的三岛口开始，我们一直跟在河岛君后面，但他速度越来越快，以致我们很难跟上。当时，能够征服被称为"天下险要"的箱根山路的摩托车并不多，可河岛君骑的四冲程引擎"梦想号"却一骑绝尘，把我的汽车越甩越远。最终，他以惊人的速度一口气冲到山顶，而且引擎完全没有过热。当我的汽车开到能够看到芦之湖的山顶时，河岛君早已在那儿休息。我和藤泽专务十分感叹，下车后，我不顾暴雨，流着激动的眼泪和河岛君一同欣喜雀跃。当时，就连以"对技术无甚关心"而出名的藤泽专务都站在车外，任凭风雨吹打，一动不动地发呆了好久。

这如电视剧般的一幕，便是本田技研工业发展的里程碑之一。之后，车身边沿有银线装饰的 E 型引擎"梦想号"非常畅销。而当时的试驾骑手河岛君，后来在 34 岁时成为本田技研工业的核心干部。

本田轶话 7

对于上述一幕，河岛本人回忆道："其实在那之前，通往山顶的箱根山路就是我们常用的试驾路线。说到那天测试四冲程引擎'梦想号'，我登顶的信心很足，但因为老爹和藤泽先生开车跟在我后面，所以搞得我挺紧张，万一引擎在藤泽先生面前过热熄火，那老爹的脸就丢大了。那天正好刮台风，伴有暴雨，大家把我的'事迹'描述成'暴风骤雨若等闲，最高挡直冲山顶'。可实际上呢，当时天上浇下的雨水，加上地上溅起的水花，反而幸运地为引擎起到了降温作用。所以我开玩笑说，全靠空冷引擎有了水冷加持。至于'最高挡'冲上山顶的说法，那辆测试车一共就两个挡位，挂到最高挡也是理所当然。不过那台引擎的确很有韧劲，很不错。根据坊间流行的传说，当天我骑着测试车，把本田和藤泽先生乘坐的别克轿车甩得老远，且在成功登顶后，我和之后赶到的他们俩抱在一起，激动欢呼。可事实并没有那么肉麻，我当时穿着雨衣，浑身湿透，所以大家就互相握了握手。"

穿着借来的衣服，接受蓝绶勋章

由于搭载了研发成功的 E 型引擎，我们的"梦想号"车型好评度骤升，可因价格在当时比较高，因此无法轻易普及。鉴于此，我开始思考如何对其进行普及。纵观当时的情况，最为普及的私有交通工具依然是自行车，想到这里，我认识到，要尽快打造能够充当自行车换代升级角色的产品。

我再一次把注意力放到了助力自行车上。之前，我们生产的助力自行车的引擎源自军用步话机附带的小型发电用引擎，属于废物利用，因此又重又低效。当决定打造能够充当自行车换代升级角色的产品时，我也决定研发全新的小型引擎，且从一开始便明确其用途——装在自行车上的高效引擎。最终，我们研制出了搭载在"小狼"号车型上的引擎。而"小狼"号标志性的白色油箱和红色引擎的设计，也出自我手。

说起设计，我起初以为设计只能是艺术家来操刀，但后来仔细一想，似乎并没有如此绝对。比如在我还是小鬼头的年代，咖啡厅的女服务员都系着围裙，且流行能牢牢遮住耳朵的发型。可如今呢？如果有人以这副"复古"打扮走在银座街头，搞不好会被人当成神经病吧。换言之，设计不同于艺术，哪怕被过去或未来的人给差评也无所谓，只要能吸引到当下的人们就行了。

而我恰巧就是那个极其了解大众心理的人。我这人比一般人更爱玩乐，且涉猎广泛，喜欢人间烟火气，就连街边的关东煮摊，也是我钟爱的地方之一，我经常前去光顾，头窝在桌子上，屁股坐在板凳上，一杯杯地喝酒。因此，我敢大言不惭地说，自己对于大众心理的理解程度优于常人。既然如此，那么我也能设计，于是开始动手，没想到"小狼"号的设计居然大受好评。这让我对自己的理念更有自信了，我愈发觉得自己能行。而大众消费者虽然自己不会设计，但他们具备对好设计的理解力和鉴别力。

当时，即便已上床睡觉，哪怕已是深夜，只要有好的设计灵感从我脑中闪过，我也会立刻让妻子把纸和铅笔拿来。记得那是一个冬天的夜晚，我进了卧室后，就一直在想事情，可外面街上叫卖拉面的小贩的喇叭声一直在我耳中挥之不去，使我无法集中精神。人家也是为了生计，不吹喇叭便无法引人注意，面就卖不出去了。于是，我叫妻子把那个小贩的拉面全都买了下来。自不必说，当晚的喇叭声消失了。

1952年，我因为发明了上述小型引擎而获得了蓝绶勋章。当时，我申请的发明专利已达150个，可在听到政府要给我颁蓝绶勋章的消息时，我的第一反应是错愕，然后打趣道："没想到政府里也有马大哈，居然选我这种人授勋……"由于天皇会出席授勋仪式，因此宫内厅（主管日本皇室事务的部门。——译者注）通知我，仪式当天必须穿晨礼服去。我这人连套西装都没有，怎么可能有晨礼服。再说了，我是被表彰的一方，何必要搞得如此沉闷拘束呢？想到这里，我回应道："开什么玩笑？并不只有晨礼服是礼服。对像我这样靠技术吃饭的人来说，平时的工作服就是最得体的礼服。

如果不穿晨礼服就不给我授勋，那这样的荣誉勋章不要也罢！"见我这般牢骚，作为分管部门的通产省的相关官员可犯愁了，他对我说："我会替你搞定晨礼服，当日请务必穿着去。"

其实，我只是因为没有晨礼服闹别扭而已，既然对方都说到这份儿上了，我也只好恭敬不如从命了。可结果呢？还是藤泽专务为我借了套晨礼服。毕竟是借的，这套晨礼服对我来说尺寸有点小，穿着有点紧。可没办法，当天我只能穿着它去出席授勋仪式。那是我生平头一回穿晨礼服。不过我接受勋章时的纪念照倒拍得挺好，看起来完全不像是穿着借来的衣服，朋友们看了照片后也笑道："你还挺适合穿晨礼服的嘛。"

当天，蓝绶勋章的授勋仪式结束后，高松宫亲王又在高轮的光轮阁举办了晚宴，犒劳获得勋章的人士。席间，我发现在场的受勋者多是年老之人，当时 46 岁的我已经是其中最年轻的了。

当时，高松宫亲王走过来对我说："本田，搞发明和创意，想必是非常辛苦的吧？"

对于他的慰问，我答道："殿下或许这么认为，但我是出于热爱，因此不以为苦。俗话说，'有情人相会，千里变一里'，在旁人看来也许劳心劳力，但我本人其实乐在其中，因此做梦也没想到自己能获此殊荣。"

"有情人相会，千里变一里"这句俗话，我当时是不假思索脱口而出的，所以也不知道这个即兴的引用是否恰当，是否能让高松宫亲王意会。

日本有各种荣誉勋章表彰制度，比如人们较为熟悉的文化勋章等。不知是否因为表彰的是过去做出的贡献，受勋者多为"古董级"的老者。在我看来，如果能把荣誉勋章颁给将来具备潜力的年轻人，即便其未来遭遇失败，至少也能起到激励作用，而对社会而言，其益处不可估量。对于我的这一看法，高松宫亲王亦持相同意见。记得在授勋后的晚宴间，他看到一众出席者后，说的第一句话便是："怎么尽是'古董'啊？（荣誉勋章）应该多多颁给年轻人哪！"这让当时坐在他周围的达官显贵们面露难色，但这句话让我打心里尊敬高松宫亲王。因为我觉得，这体现了他进取的一面。以这荣幸的见面为契机，后来我在火车和飞机上遇到他数次。而令我印象最为深刻的，是在数年后的一场车展上。

当时，他莅临车展，见到我后对我说："咱们日本的大臣等高官们天天喊'支持国货'的口号，即便国产车质量再差，也故意力推，还自己主动乘坐，这其实是不对的。不好的东西就是不好，如果政治家对国产车不加袒护，敢于直言'这种垃圾没法坐'，反而能刺激国产车企努力研发，咱们的国产车才会进步。"他的话可谓一针见血。

而就在前不久，我还邀请他在某天上午10点莅临我们的埼玉工厂。到了约好碰面的那天，我想提前15分钟去恭候应该没问题，可我到了后才发现，他已经到了。在我赶到之前，可苦了厂里的员工们。高松宫亲王到了却不见我来，搞得他们惊慌失措。"咦？殿下您已经到了啊，和约好的时间不一样呢！"面对我的打趣，他答道："嗯嗯，今天比较空闲，所以意外地来早了。"见他如此随和，厂里的员工们如释重负地舒了口气。

那天，高松宫亲王参观了我们厂生产的摩托车，其间说道："我小时候也很迷摩托车，还弄来哈雷、印第安、凯旋等外国厂牌的车型目录认真研究过，可最后父母也没给我买。"他说这些时，表情有些许遗憾，也有些许怀念往昔的感伤。而我则回应道："这样啊。也对，毕竟殿下出身贫寒。"这话惹得他大笑。

萧条中，不眠不休地回收货款

说起本田技研工业，不少人想到的是股价翻数倍，似乎我们的发展之路一帆风顺。其实就像其他许多企业一样，我们也曾经历关乎生死存亡的艰苦岁月。

1951年，一众民企打算让政府提供扶持，振兴出口，并出面限制外国货的进口，于是召开了以此为主旨的民企企业家联盟会议。但我并未参加。不仅求政府帮助出口，还求政府把外国货挡在国门外，对于这种贪图安逸之举，我很反感。在我看来，这些问题终究应该靠技术解决。如果日本制造业技术先进、产品优良，那买进口货的人当然就少，而出口额则躺着都会增加。当时我便下决心，一定要以身作则，向世人证明"良品无国界"的道理。换言之，本田技研工业要提升技术实力，研发出世界一流的高性能引擎，从而通过市场化来实现少进口，多出口。

话虽如此，但赤手空拳无法造出好产品。日本有句格言叫"弘法大师不挑笔"，书法或许是如此。可在日新月异的技术领域，"笔"还是必须讲究的。因为不管多么优秀的创意，假如没有相应的工具加持，只能是纸上谈兵。尤其在涉及大量生产时，工具设备显得愈发重要。鉴于此，我当时得出结论——必须进口外国先进的机械设备。

当时，美国的对日援助资金（美元）大都花在了进口豪华车、威士忌和化妆品等不具备产出性的消费品上，而用于进口具备产出性设备的款项可谓寥寥无几。我当时心想，如果本田技研工业自己进口一批生产设备，哪怕之后公司倒闭了，留下的这批设备也能为日本的制造业做贡献。这样的想法或许有点感伤，但我至少确定了一点——无论如何，我都不会让原本属于日本国民的外汇打了水漂。

另外，全球市场自由化的趋势不可当，是被进步的世界淘汰出局，还是冒险进口新锐生产设备以求一搏？我选择的是后者。既然进退皆险，作为企业的经营者，哪怕只有一丝希望，也应选择前进之路。于是，在当时本田技研工业一共只有 6000 万日元资本金的情况下，我毅然从瑞士、美国和德国等发达国家进口了包括斯特罗姆（Strome）自动车床在内的一批生产机械设备。

当时运气实在不佳，正好碰上 1953—1954 年的萧条期。本来从国外采购设备的行为就被旁人视为鲁莽之举，而在那样的经济环境下，银行更加不愿意向我们公司放款。无奈之下，我只得采取"用票据换时间"的策略来渡过难关。简单来说，就是产品一卖掉就回收货款，然后拿它们去支付设备采购款。这种险招，加上萧条，使得藤泽专务不得不为资金周转而奔波。那段时间，他是真正意义上的不眠不休。

而对我来说，剩下的路也就只有一条——拼死努力，不断前进。

"大家看，本田这个'战后派'浪荡子又开始胡来了……"当时，我既要承受各路记者的口诛笔伐，又要想办法收款、还债、再收款……而藤泽专务为此想出了一套独特的销售模式——在产品出货后的十几天内，全数回收货款，而且其中 75% 为现金，剩下的是票据。但此票据并非由批发商开具，而是由购车消费者开具，并由批发商或代理经销商予以背书。直至今日，本田技研工业依然沿用这种销售模式，它是我们在艰苦岁月中得出的智慧结晶。

总之，为了撑过那段困难期，我专注于打造能够马上畅销变现的产品，藤泽专务则专注于思考能够快速回收货款的方法。整个公司都团结一心，志在努力战胜危机。而这份努力，日后亦成了本田技研工业的无形财富，比如进一步高效周转资金的手段，节约时间、重视效率的企业文化等，皆源于此。毫不夸张地说，本田技研工业的基础，是在那时夯实的。

一般来说，从外国进口用于生产的机械设备时，只有等到设备通关并运至采购方所在的公司或工厂后，相关技术人员才会翻开说明书参看，学习设备使用方法等相关知识。但如果是借钱购置的话，这么做就会拖慢创收还债的进度。鉴于此，我提前准备好了放置相关设备的厂内空间，并努力完善一切准备工作，从而保证设备进场的当天便能开机运作。据我当时预估，既然购置的是之前未曾接触过的精密机械，那么靠大致有数的粗放

毅然决定进口机械设备的本田。1952 年 11 月前往美国考察。

型预备知识自然不行，于是我硬要相关操作人员提前吃透全部相关知识，此举在后来大幅促进了公司生产技术水平的提升。

不仅在采购进口设备时如此，在向其他国内合作商采购部件时，我们也会提前设定好规格，比如含碳量等，并在到货时即刻质检，从而保证它们能够马上投入使用。这一举措也提升了供货合作商的工厂管理水平。

现在看来，我当时专注于高效运转设备，早日还清贷款的态度，最终营造了本田技研工业反复强调时间，始终重视效率的企业文化。

总之，在我努力通过"下血本"引进新设备来壮大本田技研工业的那段岁月，藤泽专务真是极度辛劳，所以至今仍然对那段艰难的日子感慨不已。我由于负责技术方面，因此不算太苦。据他说，（那段岁月）让他想到了竹节的成长。竹子若长在温暖处，则各竹节的间距会变长，导致不耐风雪，较易折断；可竹子若长在寒冷处，则各竹节的间距会变短，从而使竹子坚固，能够抵御风雪的摧残。在他看来，本田技研工业在 1953 年至 1954 年的艰难期，正如让竹节间距变短的磨砺期一般。对此，我完全赞同。

夺冠国际赛事，迈向世界第一

在英国曼岛，每年都会举办环岛机车耐久赛，又称曼岛 TT 赛。届时，世界各国的优秀车企和骑手都会齐聚于此，展开技术和车技的较量。由于参赛者必须一口气完成长达 420 公里的赛程，因此"取得优胜"不仅是车企和车手的梦想，亦是一种荣耀。鉴于此，我决定让本田技研工业参与这项赛事。在 1954 年 3 月，我向代理经销商们宣布了该决定。

我这么做的目的有两个：一是希望通过技术升级来扩大出口、减少进口。如果不能在曼岛 TT 赛这样的世界顶级赛事中夺冠，就无法在全球范围内从意大利、德国的摩托车厂商那里夺取市场份额；二是为了致敬和效仿游泳健将古桥广之进。他就凭借出色的成绩给日本国民带来了一些自豪感和希望。这么说或许有点煽情，但我当时的确觉得我们本田技研工业也应担负起类似的使命。

对于日本战后初期的满目疮痍，如今的人很难想象：当时火车到站后，人们会打破车窗，直接爬上跳下。可就是在那个时期，古桥广之进在游泳比赛中打破了既有的世界纪录，给当时的日本人带来了极大

英国曼岛的 TT 赛

的安慰和勇气。我虽不像他那样体力过人，但我懂技术，若能凭借技术在世界"擂台"上取得胜利，其带给日本人的希望，尤其是对年轻人的积极影响，则不可估量。再加上是充满动感的赛车运动，一旦获胜，不仅能扩大产品出口，还能增加日本人对日本货的自豪感。

1954 年 6 月，为了考察，我去英国实地观看了曼岛TT赛，结果令我目瞪口呆。德国的 NSU、意大利的

Gilera 等性能卓著的赛车以极高的马力驰骋赛道，在相同汽缸容量的条件下，（这些车的）马力居然是我们本田技研工业当时生产的车型的 3 倍。我心想，自己向代理经销商们吹出的这个牛皮可真的有点儿大了。"夺冠的梦想，究竟何年何月才能达成啊……"我暗自嗟叹，一半是悲观，一半是惊愕。

但这种情绪只限于我刚观赛时，没过多久，我那天生不服输的蛮劲就又"抬头"了。既然外国人能做到，日本人就没有做不到的道理。为此，必须回归基础，从头研发。回国后，我立刻成立了研发部门。

在回国前，我遍访了英国、法国、德国、意大利等制造摩托车技术发达的国家，一股脑儿地买了许多当时日本没有的赛车专用部件，包括轮圈、轮胎、汽化器等。这么一听，似乎挺像赛车手的采风旅行，但在旁人看来，这种行为无疑显得十分怪异。到了回国的那天，我从罗马机场乘机时却碰上了问题。

航空公司有规定，乘客的行李一旦超过 30 公斤，就会以公斤为单位，对超出的重量收取高额托运费。我早就知道这点，再加上手头的美元在购买赛车专用部件时几乎都花完了，因此我提前在宾馆里做足了"功课"：整理好了30公斤的托运行李，剩下的轮圈、轮胎等则背在身上，再把较重的金属制品等装在法国航空给我的拎包里，作为带上飞机的手提行李。没想到罗马机场居然连手提行李都要称重，我的手提行李加上托运行李，总重40公斤左右。可我之前用仅剩的钱给公司发了一份"今天我回国"的电报，因此当时已是身无分文。这下子可让我犯愁了：该如何是好呢？

"我来时明明不称手提行李的，为什么出发时就要称了？"面对我的抗议，负责检查的工作人员说道："我们规定要算总重的。"他语气强硬，丝毫不予通融。我反驳道："那好，既然你说算的是总重，那你看看那边那个女的。她胖得恐怕连飞机座椅都坐不进去，显然比我的总重要重得多吧？可你们却给她放行！"对方仍然不为所动，坚持说规矩就是规矩。

这样耗下去毫无意义，错过航班就麻烦大了，而当时我要乘坐的那班飞机已经准备做起飞前的滑行了。情急之下，我只得打开手提行李，拿出里面所有的东西，靠扛、拿、挂，通通放在身上，然后指着空空如也的手提行李包向负责检查的工作人员问道："这下子总行了吧？"此举让对方也吃了一惊，他终于松口："这样可以。""什么叫'这样可以'？害我一番折腾，总重还不是一样？"时间紧迫，我如此发火也无济于事。那是7月20日，正值罗马的酷暑季节，身上挂的东西又重又闷、捂得严严实实的我，感觉头都有点儿晕了。"过关"后，我不得不把东西再塞回手提行李包。前一晚在宾馆里费神费力、统筹空间后塞得满满当当的东西，要一下子再"归位"可不容易。我当时又热又急，真是遭罪透了。

与机场人员的斗智斗勇，也是源于我"誓要在曼岛TT赛中夺冠"的信念。外国人有句谚语叫"罗马不是一天建成的"，可没想到首次罗马之行就给了我个"下马威"，急得我满头大汗。不过自不

摄于1961年的德国摩托车大奖赛，照片中的日本骑手为HONDA夺得了250cc级别的冠军。

必说，有汗水才有收获，我辛苦带回国的那些赛车专用部件，在后来发挥了重要作用。

我回国后成立的研发部门，其实是对之前分散在各工厂的设计科的集中统一管理。1957年6月，我将研发部门整合为技术研究所。1960年7月，我又将其从公司中彻底分离出去，使其成为独立的"株式会社本田技术研究所"。这么做的动机，源于曼岛TT赛之后发展为"彻底推进研发工作"的理念。在不断的努力研发下，我们于1958年制成了2汽缸125cc和4汽缸250cc的竞速摩托车，并于次年6月参加了125cc级别的曼岛TT赛。当时，我们获得了第6名，对初次参赛的车队而言，这已经算佳绩了。1961年，我们终于在曼岛TT赛中夺冠，还获得了团体优胜奖。不仅如此，同年，我们还在西班牙、法国、西德等地举办的摩托大奖赛中夺冠。至此，我当年的梦想——"立志打造世界一流摩托车"终于实现了。

投入匹敌美国厂商的研发费用

　　1959 年 6 月，为了促进出口，我在美国洛杉矶成立了"美国 HONDA Motor"公司。当时的日本大藏省（相当于财政部。——译者注）给予了我们公司 50 万美元的汇款出境额度许可，而在该许可批下来时，大藏省的官员叫我带着日本员工去美国，理由是"日本人心气相通、知根知底，用起来方便，工资也不用开很高"，但我对此表示反对。

　　我认为，在美国，如果不支付符合美国当地水平的工资，就不可能在当地做好生意，且上述官员的建议完全是对日本人赤裸裸的压榨。我可不想带一堆日本人去"拉小圈子"。既然要进入美国市场，就应该雇用当地人，按当地人的规矩办事。买地建公司，扎根当地，然后再开始做生意，这是经典的商业成功法则，而我也是如此实践的。拖家带口远赴洛杉矶 HONDA Motor 工作的日本员工只有 5 人，而我们 150 人左右的销售团队是清一色的美国人，他们为公司做出了卓越的贡献。

在美国 HONDA Motor 成立之初时，有这么一个小插曲。当时，我们去拜访当地既有的摩托车经销商，想委托他们在店里展示并售卖我们的车。当我们道出我们的销售目标 7500 辆时，对方赞同道："这个目标定得不错，应该能实现。"可随着交谈的深入，我们逐渐发现彼此对销量的理解并不一致。经过我们再三确认，才知道对方把这 7500 辆理解为年度目标，而我们的本意是月度目标。听到我们的目标后，对方态度骤变："每月 7500 辆？这怎么可能？真是天方夜谭！"这名经销负责人之所以坚决否定，是因为他拘泥于老派美国人对摩托车的固有观念。美国在很早之前就有诸如"印第安"等优秀的摩托车制造商，随着汽车的日渐普及，摩托车市场迅速凋零，甚至落入了随时可能消亡的境地。但纵观当时的美国，摩托车的用途已不同于往日，之前那种移动代步需求的实用属性几乎不复存在，取而代之的是趋于纯粹玩乐的休闲属性。与之相对，先前作为奢侈休闲品的汽车却完全变成了一种代步工具，而日渐拥堵的交通也让美国人感受到了开车出行的"痛苦"。在这样的大背景下，一些美国家庭在外出自驾游时，会把摩托车放在车上，等开到目的地后，再改骑摩托车，或者探索和游玩汽车开不进去的地方，或者深入垂钓胜地……所以说，摩托车并未被汽车所"驱逐"，而是接替了汽车原先在消费者心中的位置——休闲品。

基于这一现状，我决定让美国 HONDA Motor 另辟蹊径，干脆委托没有销售摩托车经验的运动用品店和渔具店等来销售我们的摩托车。在某些州，我们还开设了直营店。结果销路极好，申请加盟的经销商也日益增多。如今在美国，HONDA 的代理经销商门店多达五六百家，而 HONDA 月产的 10 万辆摩托车中，出口的大约有 2 万辆，创汇 300 万美元左右。其中最大的出口国是美国，即美国 HONDA Motor 所开拓的市场。可见，固有观念害死人，它会导致人误判局势、故步自封。

1961 年 6 月，我们又在西德的汉堡成立了"欧洲 HONDA"。基于和成立美国 HONDA Motor 时相同的理念，欧洲 HONDA 的日本员工只有 2 人，剩下的皆为当地人。不仅如此，1962 年 1 月，我还派遣了七八人的考察团出国调研 HONDA 进军欧共体市场的合适地点。而根据调研结果，我们最终决定在距离比利时首都布鲁塞尔以西 20 公里的一处空地建厂。相关手续都已批好，相关工作人员也于 7 月 18 日前往当地。根据计划，到 1963 年 2 月，该工厂便能正式投产，并且达到月产 1 万辆的规模。

在比利时建厂等于占据了欧共体的地理中心，因此，西德和意大利的同行们势必感到威胁，时时"监视"着我们的下一步棋。而我的应对方针是"思想引导技术，思想先于技术"。比如，根据当地购车者的喜好、体型以及政策法规，对产品采取全新的设计和结构调整等，不沿用既有套路。

在针对比利时市场设计车型时，曾有这么一段插曲。由于当地环境较好，空气中灰尘较少，因此工程师们建议取消空气滤清器，我当场表示反对，命令他们必须安装空气滤清器。在比利时建厂生产的目的何在？是为了赚比利时人的钱，然后拿回日本去？作为进军海外的企业，假如如此鼠目寸光、格局渺小，那势必会被当地人厌恶，事业亦不会成功。鉴于此，既然在当地建厂扎根，则首先必须考虑如何造福当地人。只有做到这点，才能将市场从比利时拓展至荷兰和卢森堡，而在这三国站稳脚跟后，才可将产品出口至其他欧共体国家。此外，由于比利时在非洲拥有较大的影响力，因此出口非洲势必也是我们必须思考的战略。而非洲比日本更加尘土飞扬，所以摩托车里的空气滤清器自然是不可或缺的必需部件。由此可见，决策判断不可单纯基于技术，而必须以思想和理念为指导。

前面提到过，1960 年 7 月，我将本田技术研究所独立了出去，成立了独自运作的同名公司。这样做有两个理由。第一个理由是我很清楚，研发皆是会不断遭受失败的，必须做好"99%可能失败"的心理准备。而若将这样的组织置于本田技研工业中，鉴于公司高效生产，追求利润的体质，技术研究所难免沦为公司的"妈宝"，而无法持续开展高水准的研发工作，因此我毅然决定将其剥离。

另一个理由是基于二者的结构区别。在生产属性的组织中，团队比个体更重要、更关键；而在研发属性的组织中，比起团队，个体能力的发挥更重要、更关键。所以，研究所的组织结构也必须有别于以生产为目的的公司和工厂。

本田技术研究所独立后，收入来自本田技研工业销售额的3%（每年平均20亿日元），作为回报，研究所向本田技研工业提供设计蓝图，等于是一种"卖设计收钱"的运营模式。倘若由于研究所的设计缺陷而导致本田技研工业蒙受损失，则研究所必须承担全部责任。这完全不同于其他以培养出多少博士为自豪的纯学术研究所。目前，本田技术研究所拥有667名研究员，每月的运营成本大约1.8亿日元。据统计，在研发费用方面，美国企业平均花费其销售额的3.1%，西德则是2.4%，而一般日企却不到0.1%，反倒在招待费上开销很大。而我们HONDA则不同，招待费极少，但研发费用则可匹敌美企。不，严格来说，研发费用的大头并非资材，而是人工。鉴于美国的用人成本高于日本，因此我们在研发方面投入的销售额的3%，实际上已经超越了美企的平均水平。

1960年8月，我们还在三重县建成了铃鹿工厂。前一年 8 月，我和藤泽专务与铃鹿市市长会面，选定了能抵御台风和洪涝的一处地势较高的空地作为厂址。之后，我们马不停蹄地突击建设，终于在 1 年后实现了开工生产。和滨松工厂一样，铃鹿工厂也满足了无窗、无尘和冷暖空调完备的条件。有的企业管理者认为干部办公室应该冷暖空调完备，工厂车间无此必要，我对此不敢苟同。在我看来，对工厂内"尘埃对策"的怠慢，会影响生产制造技术的发挥。为全体员工提供适宜的劳动环境，亦是企业经营者的义务之一。

"尊重理论" 的风气在公司内扎根

　　说起我这个人，社会上的印象往往是"不靠谱的战后派""做事率性大胆"等，其实，对于企业经营，我一直非常谨慎。纵观其他企业，绝大多数都是先建厂，再生产产品，而我则是先试制产品，在确定其具备销售前景之后，才会一口气投入资金。就拿铃鹿工厂来说，起初是因为成功研发了50cc的"超级小狼"，经过一番调研认证，加上对各种数据的分析讨论，在确认2年半到3年后能回本后，我才毅然决定投资建厂。

　　不仅如此，我们还在全国范围内选出了两三处模范销售试点，将这些地区作为新产品的集中中转点，验证其实际效果，从而推测出能够在全国范围内售出多少万辆的业绩。正是通过这一系列的销售测试，我们才最终将厂址选在了铃鹿市，开始着手与铃鹿市进行用地交涉。

　　而正如前述，我们最终选定的厂址位于一处高地。那里其实是铃鹿海军军工厂的遗迹，因此土地平整，最适合建厂房。我和藤泽专务也就操心到这里，定下厂址、获得用地后，关于工厂建设，我们并不插手，而是毫不犹豫地放手交给年轻人去干。因为我对年轻人的创意和活力充满期待，所以下达了相应的指示："凭借全体员工的创意和努力，把铃鹿工厂打造成HONDA的模范工厂。"于是，平均年龄为二十四五岁的员工们在各自的岗位上出谋划策：与建筑相关的出建筑方面的点子，技术研究所的人出技术方面的点子……每个人都从自己的技能和工作出发，合理思考，群策群力。就这样，造价将近百亿日元的铃鹿工厂最终顺利建成。可以说，这是我们HONDA年轻员工的"集大成之作"，亦是我们HONDA的骄傲。

　　另外，针对小狼车型的大规模量产，围绕如何进一步降低成本的问题，我也彻底征求了年轻员工们的意见。因此，铃鹿工厂在开始生产小狼车型时，一切都有条不紊，在售价不变的情况下生产成本大幅下降，因此利润率自然增加。既然我们是在保证品质的前提下靠本事缩减成本，那么哪有不赚这笔差价的道理？于是，这造价百亿日元的大工厂仅仅在2年半内便回了本，而公司财务也计划在4年内完成厂里所有机械设备的折旧。

对于年轻人，我一直给予较高评价。在我看来，那些整天嚷嚷"年轻人浮夸堕落"的家伙们完全没有意识到自己的思想有多么古老落后。年长之人如果不能反省自己的所作所为，如果不懂反思自己的思想和行为是否与现代社会合拍，便没有资格批判年轻人。就拿我来说，虽然乍一看是个行动古怪、不按规则出牌的家伙，但其实不管做什么，我都有自己的原则和道理。换言之，只要有相应的意义，不管是西方人所忌讳的"13号的星期五"还是星期六，我都会立即行动，才不管其他。反之，哪怕是大家都在做的事情，我也不会毫无理由地盲目跟风。也正因为如此，"尊重理论"的风气才能在我们公司内扎根。

这种"尊重理论"的风气在纪念公司创立10周年之际亦有体现。按照约定俗成，到了10周年都要纪念，不管是濒临倒闭的企业，还是以乞讨为生的无业者，只要干了 10 年，就都可以举行纪念仪式。这也太奇怪了！鉴于此，当时有下属提议道，既然要举办纪念活动，就应该有值得纪念的造福社会之举，否则就谈不上纪念。

我们公司在 1952 年进口了价值百万美元的生产用机械设备，而这笔采购用的外汇原本属于日本国民。我们既然用了这笔钱，就必须承担起相应的义务。而在尽到这份义务之时，便是我们有权庆祝之日。后来，在我们公司出口总额突破百万美元大关的 1959 年，即公司创立 11 周年之际，我们包下了新宿的 KOMA 剧场，叫来全国各地的 HONDA 员工，举行了盛大的纪念仪式。

身为企业经营者，既然用了国民宝贵的外汇储备，就应深知责任重大，从而努力出口创汇。如果大家都能做到这点，日本社会就不用整日为国际贸易逆差而吵嚷。换言之，我认为，如今日本经济形势低迷的责任应由一些大企业的经营首脑承担，是他们忘却了基本的经营理念。

与之前相比，当下的经济环境大幅恶化。纵观日本的一众大企业，其中不少为了进行生产调整而费心犯愁。在我看来，到了这个节骨眼儿上才想起生产调整，未免为时已晚。本田技研工业早在一年前的3月便果断开展生产调整活动。虽然当时遭到了一些外界的非议，但我是在审时度势后做出的决定。所以说，我其实并非别人想的那样我行我素，所做的决策也并非"胡搞瞎搞"。

首先是美国政府转为"美元防御"的保守型经济政策让我预见到日本经济将会受到影响，其次是1960年末至1961年初日本遭受了极为罕见的大雪，这使得日本2/3的地区陷入交通瘫痪，从而导致我们的摩托车销量下滑。鉴于此，我觉得这正是企业进行生产调整的好时机。既然我们公司的生产方式是预估生产而非接单生产，那么一旦碰到生产太多卖不出去的情况，予以调整是理所当然的，不调整才不正常。

但是，选择何时调整很关键，也很敏感。如果在2月份启动调整，则天气依然寒冷，离春暖花开还有较长时间，代理经销商们也会感到不安；而如果在天气逐渐变暖的早春时节启动调整，由于社会氛围也趋向于"阳光"和"景气"，因此代理经销商们也不会过度恐慌。鉴于此，我最终决定咬牙撑过2月，在3月启动生产调整。换言之，我之所以如此抉择，完全是为了顾及代理经销商的感受。

我们最终定下的生产调整时长只有 5 天，但在付诸实施前，我们做了大约 1 个月的准备工作。准备工作包含方方面面，比如当时公司由于急速增产，各种设备和部件存在不少明显的"非均衡问题"；由于各生产分包商的能力差距，导致交付的部件在精度和价格等方面参差不齐……只有在弄清这些既有问题的基础上，全体员工才能在为期 5 天的生产调整活动中纠正它们。为此，我周密地计划前期准备工作，并要求大家认真执行。

等到正式开展生产调整活动时，别说歇工了，大家比平时还忙，全体员工都在彻底调整之前发现的不合理之处，包括变更设备位置、检修维护机器等。在完成生产调整后重新开工时，不光产品质量提高了，生产成本还降低了。更令人求之不得的是，当时的日本经济还处在低迷前的好势头，其他同行都还倾向于扩容增产，所以即便我们为了生产调整而暂时停工，我们的生产分包商还能接其他地方的订单，因此并未受到负面冲击。

我们当时未雨绸缪进行的生产调整，亦彻底改良了公司体制。在一片"经济不景气"的哀号中，我们HONDA反而有底气增产。常言道："好的矛枪手不是出枪快，而是收枪快。"道理很简单，如果不赶快把刺出去的枪收回来，就无法以万全之策去迎击下一个敌人。公司的调整和改革亦如此，倘若碍于面子，便难以做出敏捷的反应。而等到走投无路时再被迫调整方向和战略，则为时已晚。

农村财主家欠债后的衰败过程与之类似：先是不引人注意地偷偷变卖库房里的财物，接着抛售离家较远的粮田，即使已经难以支撑，也依然不愿惹眼地卖掉房子，而是先将房子抵押借款，可由于此时已无产出，而利息却越滚越高，最终等到房子被收时，不仅一无所有，还欠下一屁股债，真是愚蠢至极。

纵观日本的企业经营者，像上述农村财主般愚蠢的人并不少。平时把"企业家与员工同心同德"挂在嘴边，摆出一副重视员工的姿态，可一旦经营陷入困境，便立即倒退至旧时军队的作风，把"撤退"称为"转移"，对下属报喜不报忧。而我一直坚持"全体员工皆为经营者"的理念，所以一直强调大家皆有参与企业经营的权利和义务。也正因为如此，在不得不进行生产调整时，我也会向全体员工坦露实情、明示对策，并呼吁大家一起克服困难。在我看来，这才是企业与员工命运与共。

"我的履历书"至此接近尾声，但我正值知天命之年，人还年轻。我真正意义上的"履历书"，应该从今后开始书写，上述手记可谓我人生征途中的里程碑。从企业家的角度看，上述手记亦是对我事业发展轨迹的粗略回顾。在此完稿之际，请允许我对自己的情感层面稍作赘述。

我被贴的标签之一是"战后派企业家"，但在我看来，什么"战后派""战前派"皆无意义。凡是做企业，自然必须获得许多人的支持，包括喜爱我们产品的消费者、给我诸多建议的友人知己，以及在危难时刻伸出援手的银行、合作工厂、经销商，当然还有我们的坚强后盾——HONDA 的年轻员工们。

首先，我认为企业经营的根本是平等。将员工职位分为三六九等绝不可取，偏心袒护、任人唯亲更须杜绝，因此我从不把员工叫到自己家里。一个人的家，类似于一座私密的城堡。倘若公司老板或高层把员工带到自己家里，往往容易滋生派系之类的小团体，而这好比是企业的"癌细胞"。同一学校毕业的"学阀"，同一地方出生的"故乡阀"……这些都要不得。硬要说的话，我们HONDA只有一种"阀"，那就是"小学毕业阀"。这是因为日本的义务教育制度规定，凡是日本人，不管什么出身，都应接受义务教育，因此，该派阀不具排他性，也就光明正大。

此外，经常有人将我的经营风格评价为"阵头指挥"。在我看来，社长的职责在于监督整体，包括监督高层干部们的决议是否顺利实施、对于突发事故的处理是否恰当等。当处理环节产生问题时，社长应与干部及时沟通，讨论相应的解决对策。如果在这些方面都做到位，那么社长并不需要事事"阵头指挥"。也正因为如此，我偶尔才去公司总部露脸。至于社长的公章，我从未见过，甚至连它是四方形还是三角形都不知道。

与之相对，我大多数时间都泡在研究所里。我热爱研发工作，这么做也等于在造福公司。有的人建议我偶尔娱乐娱乐，比如打打高尔夫放松一下，但摆弄机械是我天生的爱好，因此，对我来说，这工作本身就是一种娱乐。

在报纸上连载上述手记的这段时间里，许多人给我写信。其中有激励、建议、叙旧。这也给了我自我反省和怀念旧情的机会。

或许因为我这个人经常说一些豪言壮语，使得一些年轻人把我视为我行我素、勇往直前的"现代英雄"。想到我的能量能感染年轻人，我当然很欣慰，但我从不把自己视为英雄。在我看来，历史上的那些所谓"英雄"，其实多是靠牺牲民众来成就大业之人。比如西乡隆盛，他或许算英雄豪杰，但对于他人生晚期的所作所为，我并不认同。不管有什么理由，他都不应该牵连数以万计的年轻人，害他们失去宝贵的生命。

在给我的来信中，有一封来自东京世田谷的一位女士。我与她素不相识。她在信中写道，她从三年前开始经营一家重度智障儿童的收容所，在看了我的奋斗事迹后，她坚定了扩建收容所的决心。这封信令我十分感动，没想到我的回忆手记居然能成为别人的动力。在我眼中，像她这样的人才是我们这个时代的英雄。

还有一点我想澄清，我这人一直行事鲁莽，虽然在别人眼中，我可能算"成功人士"，但我取得成功的部分，其实只是我所有尝试的 1%。换言之，其他 99% 皆是失败。在持续失败中结出的这 1% 的硕果，方才成就了今日的我。我绝对不会忘却在失败过程中给许多人带来的麻烦、造成的困扰。

人生不到最后，便很难定成败。再以西乡隆盛为例，虽说他有很多伟大之处，但对于他人生末期的所作所为，我并不敢苟同。至于我的梦想，永远是未完待续的，不仅是两轮车，我还想研发四轮车，乃至飞机，但这一切也必须经过尝试才知结果。就拿飞机来说，不管其飞行性能多么优越，假如在最关键的着陆环节发生事故，给许多人带来麻烦，则依然是不合格的。而评价一个人一生的功与过亦是如此，待我死后，世人对我的评价，也许才是真正意义上的"我的履历书"吧。

第二章　风云变幻的十年

有句话叫"盖棺论定"，意思是要正确评价一个人的功过是非的话，必须待其死后。

在本书第 1 部分，本田宗一郎本人也在"我的履历书"的结尾处写道："待我死后，世人对我的评价，也许才是真正意义上的'我的履历书'吧。"此外，他还写道："我正值知天命之年，人还年轻。我真正意义上的'履历书'，应该从现在开始书写。"

前者可谓其自戒自警之语，后者则体现了他作为企业家的"圆熟"——不道明自己怀揣的野心和自信，只是对大众稍作暗示，结果是"自戒终于杞忧，野心完美实现"。

说到"盖棺论定"，在"盖棺"之后，世人对本田宗一郎的评价不降反升。

他的"我的履历书"在《日本经济新闻》上连载始于 1962 年 8 月，当时本田 55 岁。65 岁那年，本田辞去社长一职，退居二线。而在那十年间，本田作为企业家的人生高潮迭起、波澜万丈，真可谓风云变幻的十年。

接下来，就让我们来回顾"我的履历书"结束连载后的十年。

风云变幻的十年

◎ 进军四轮乘用车市场

1962 年，正值第二次池田内阁刚结束，日本经济迈入了高速成长的轨道，民众生活日渐富裕，开始引入每周双休的制度，休闲娱乐文化兴起。那一年 3 月，接收 NHK（日本广播协会）电视台信号的电视机数量突破 1000 万台，电视机普及率增至 49%。此外，东京人口数亦突破 1000 万大关。同年 12 月，首都高速 1 号线的京桥至芝浦路段开通。而在东京市内，烟尘导致的大气污染问题也日益凸显。

虽然"岩户景气"（1958 年 7 月至 1961 年 12 月间的日本经济发展高潮期，史称"岩户景气"。——译者注）一度逆转使日本一时陷入萧条局面，但本田技研工业由于提前果断实施了生产调整，因此为下一次飞跃积蓄了力量。

而这里说的"飞跃"，便是其进军四轮乘用车市场的壮举。

关于进军四轮乘用车市场的计划，本田在上一章中最后谈到"我将来的梦想"时，只是看似漫不经心地提了一句。但事实上，当时的相关筹备工作已然"渐入佳境"。1962年，不管是对本田的人生，还是对日本的汽车产业而言，都是一大转折点。

"我小时候曾经一边在行驶的福特T型车后面追着跑，一边把鼻子凑到它滴落在地上的油渍旁，那股气味令我感到刺激难忘，也在我心中播下了'造车'的种子。"1989年10月，本田宗一郎的名字被收录进美国的汽车名人录（Auto Mobile Hall of Fame）。就在那时，他说出了上述感言。

而早在1962年6月，他就在尚在建设中的铃鹿赛道召开了经销商总会，并当场进行了一场盛大的产品演示。那是一辆车体通红、轮胎边缘一圈白色涂装的敞篷汽车，这便是当时HONDA刚打造出来的轻型四轮跑车

S360。当时，本田亲自驾驶着它，英姿飒爽地从与会者所在的正面看台前飞驰而过。

会场看台爆发出惊雷般的掌声。当天，不仅是S360，HONDA 还展示了一款轻型四轮卡车。这场内部产品演示旨在向 HONDA 的合作伙伴通气——在两轮车市场站稳脚跟的 HONDA，就要进军四轮汽车市场了。换言之，这标志着本田"造车梦"的正式启航。

再回溯至 1955 年，当时，日本政府提出了"打造日本国民车"的构想，并将这款车的基本要求设定为定员 4 人，最高时速 100 公里，售价 25 万日元。

1958 年，本田在技术研究所内新设了四轮汽车研发部。在项目启动阶段，被选中的 7 名研发人员中，甚至包括拥有飞机和两轮车研发经验的中途录用者（即从其他公司跳槽过来的员工。在那个时代，在一个公司做到退休是日本人的主流思想，转职和跳槽是比较少的。——译者注）。他们起初的研发目标，便是研发符合日本政府"国民车"构想的轻型四轮汽车。1959 年，试制车完成，然后进入反复测试阶段。就在那时，本田下达了"试着打造一款跑车"的指示。在本田看来，与其争取政府补贴援助，追随国内既有车企，不如先获得世界的认可，造一款展示性能的跑车。

在第9届全日本车展上展示的S360。摄于1962年。

而副社长藤泽武夫考虑到当时的市场需求以及HONDA的实力体量，主张先量产轻型四轮卡车。结果导致研发团队不得不"一心二用"，同时研发四轮卡车和跑车。

本田在1959年也曾说："四轮汽车不急于量产，除非我们有绝对的自信，对我们的产品有十分的满意。"

虽然他态度慎重，但汽车行业的变化超出了他的预料，可谓形势不等人。

◎ 向通产省举旗造反

面对全球贸易自由化的大潮，日本通产省于1961年5月发布了《关于汽车产业政策的基本方针》（即后来的《特定产业振兴临时措施法》，简称《特振法》）。

它的主旨在于保护日本国内相关企业，政府将当时国际竞争力较弱的日本三大产业——汽车、特殊钢材、石油化学列为特定产业，以行政主导的方式应对"外国业内航母来袭"。针对汽车行业，政府不仅叫停了新企业的进入，还对既有企业实施集约管理，目的是限制过度竞争、提高量产效果。

具体来说，从进口自由化正式生效的1963年起，为了强化日本汽车企业的国际竞争力，政府将它们集约为三大集团，分别是量产车集团（丰田、日产、马自达），豪华车、跑车、柴油车等特殊车辆集团（王子、五十铃、日野），轻型汽车集团（富士重工、马自达）。如果新企业要进入，就必须获得通产省的许可，政府干预色彩极浓。

政府一边说"集约既有汽车企业",一边说"新企业进入须待审批",这等于是在宣布"新企业进入的大门即将关闭"。倘若 HONDA 不能在该法案生效前创造出漂亮的生产业绩,就会永远失去进军四轮汽车市场的机会。

对此,本田极为不满:"'不允许新企业进入'是什么意思?政府无权这么做!"

1962 年 1 月,本田向研究所下达了"打造跑车"的指示,目标是于 6 月在铃鹿赛道举行的经销商总会上进行实车演示。为了完成该任务,员工们不眠不休,凭借着年轻人的精力和体力优势,总算在演示日的前夜完成了那辆 S360。

◎ 就要用红色!

当时,为了与消防车、救护车和警车等相区别,日本国内销售的民用汽车不允许使用诸如全红或全白之类的颜色涂装。但一向喜欢花里胡哨的本田可不吃这一套,有一天,他叫来技研开发科长秋田贡,大声命令道："咱们这次出的新车，就要用红色！"

对此，秋田后来回忆道："当时听他（本田）这么说，我吓得打了个寒战。"

从那天起，秋田几乎每天都去运输省（相当于交通部。——译者注）拜访，为的是获得使用红色涂装的许可。秋田日后回忆道："分管的官员对我不理不睬，每次从运输省回来，我都脚步沉重，害怕见到本田先生。过了一段时间，他本人在《朝日新闻》的专栏等处发表了文章，对运输省的行为抨击道：'红色是设计之本，看看世界发达国家，哪有政府垄断颜色的例子！'……"

最后，运输省总算批下了使用红色涂装的许可，秋田得知后，急忙向本田报喜。而本田的反应是："哦，这样啊。"仅此而已。本田一直如此，从不夸张地表扬员工。而且本田当时很清楚，涂装颜色许可不过是他们需要克服的障碍的冰山一角，横亘在他"汽车梦"面前的真正障碍，是打着"国家利益""国策"的旗号为所欲为的政府官僚权力机构。

于是，试图通过研发新车来吸引大众的 HONDA 和试图无视其努力的通产省之间，便展开了一场拉锯战。

◎ 拉锯战

20世纪60年代,美国不断对日本施加压力,要求日本政府放开对美国汽车、电脑和IC(集成电路)的进口限制,实现贸易自由化。作为对策,日本政府将管理日本汽车行业的基本方针归纳为前述的《特振法》,并于1963年3月在内阁讨论决定后,向国会提出了议案。

《特振法》的立案和推进者是于1961年担任通产省企业局长的佐桥滋。早在担任大臣官房秘书科长时,他就以不拘惯例的做事风格而崭露头角。进入通产省后,凭借与生俱来的领导力,他居于"执牛耳"之位。他敌视外资的思想,促成了通产省内部"民族派"的形成。总之,佐桥滋是以手腕强硬而著称的"非典型官僚",他主张"官民协作",试图通过政府的集约和干预来强化日企的国际竞争力。

而本田天性喜欢自由竞争,厌恶干预管制。他坚信,倘若抱着军队或政府的大腿,就无法创造和革新。因此,他曾直言不讳道:"又不是战争时代了,给国家卖命。我之所以拼尽全力，是为了自己的汽车梦。"

基于自力更生"征服全球摩托车界"的经验，本田当时不断正面挑战《特振法》，他发声道："政府介入，只会让企业变弱。要应对贸易自由化，唯有依靠自由竞争。限制新企业进入有什么用？良品无国界，好产品自然卖得出去。只有自由竞争，才能滋养产业。"

对此，曾是佐桥部下的前重工局长赤泽璋一回忆道："当时只要一有机会，本田先生就会通过媒体来抨击《特振法》，而他所讲的内容会经由记者传到通产省，当然也会传到佐桥先生耳朵里。可以说，本田先生当时的言行举动，其实还蛮刺激佐桥先生的。"

在那段"反抗"岁月中，本田的确留下了不少敢言的语录。1995年的一档日本电视节目播放了他生前接受采访的片段，在采访中，他对那段岁月回顾道："我当时实在无法接受（《特振法》），所以大为生气、大发牢骚，我直接就说：'什么，《特振法》？我有进军新行业的权利。只许既有厂商造汽车，我们这些后来的就不可以，哪有如此荒唐的法律？什么叫尊重自由？谁敢保证大企业永远是大企业？看看历史，新兴势力总会成长。既然政府这么喜欢搞集约、整合、合并，那干脆让通产省来当股东，在董事会上发号施令得了！'我还说，我们 HONDA 是股份制企业，对股东负责，不会理会政府的命令……"

1962 年 10 月，第 9 届全日本车展在东京晴海举办，入场参观者超过百万人，这标志着日本正式迎来汽车普及化的时代。而作为参展商的 HONDA，则展示了其首次推出四轮汽车的两款车型——一款跑车，一款轻卡。

第二年（1963 年），HONDA 打出了"猜猜我们的 S500 跑车售价"的猜谜广告，可谓新颖奇特，最终征集到了 570 万个答案。而公布的价格（谜底）低于大部分人的预期——HONDA 的 S500 跑车只卖 45.9 万日元。之所以搞这种征集民意的广告活动，其实也是针对拥有"生杀大权"的通产省。换言之，这也是本田的一次抗议行动。

受《特振法》所迫，HONDA 不得不加速进军四轮汽车市场。但与本田的高调和声势相反，HONDA 的生产技术、量产设备、销售体系等方面显然尚未准备充分。虽然 S500 跑车和另一款轻卡都照计划在 1963 年 10

月发售，可跑车几乎卖不出去，另一款搭载了跑车引擎的轻卡也鲜有人问津。

再说到《特振法》，虽然该法先后3次被提交至国会，但由于金融、产业界对政府干预的抵触，以及反垄断法的强大壁垒，最终遭到废弃。而佐桥也转任专利厅长官，后来又在1964年转任通产省事务次官，与其搭档的是三木武夫通产相。但由于佐桥态度强势，因此坊间有"佐桥大臣，三木次官"之说。

1966年，辞官的佐桥曾直言："我既不想当只负责拍手赞成的代议员，也不想当被圈养的干部。"据说，他辞官是因为厌恶"上头既定的人事安排"。在辞官后，佐桥整日读书，过了多年的"家里蹲"生活，直到1972年，他担任了"闲暇开发中心"（现在的"自由时间安排委员会"）的初代理事长，旨在启蒙因"工作中毒"的日本人如何享受闲暇时间。

◎ 本田 VS 佐桥

本田和佐桥立场不同，但二人皆个性鲜明、勇往直前。这对"冤家"简直就像小说中的主角一般。

在佐桥还在担任通产省事务次官的 1966 年，美国提出了汽车安全基准，对于不符合该基准的汽车，一律不予进口及销售。围绕该问题，以川又克二（日产汽车株式会社社长）为代表的日本汽车工业协会和以本田宗一郎为代表的日本小型汽车工业协会之间出现了意见分歧。由于本田依然故我，不依不饶，通产省不得不苦于调停。

对此，佐桥大怒道："明明是必须一致对美国交涉的时候，可本田却搞窝里讧！"时任重工业局次长的赤泽担心情况不妙，于是对本田说："这样下去不行的，你和佐桥先生当面谈一谈如何？"就这样，在赤泽的斡旋下，两大"枭雄"初次面对面。

见面地点是本田安排的，那是一家位于赤坂的高级日本料理店。两人一见面，本田就对佐桥说："如果让我造四轮汽车，我马上就能把公司做成世界一流的汽车厂商。超过丰田、日产之类的车企，对我而言简直轻而易举。"

佐桥立马不高兴了，气得红着脸说："真是口出狂言。那不好意思，我先告辞了。"

同席的赤泽和 HONDA 的干部们立即过来劝解，好歹让佐桥不太情愿地入了席。或许本田也知道自己做得太过了，在周围人"唱一个，唱一个"的呼声下，他便唱起了小曲。对此，佐桥日后回忆道："（他的）唱腔浑厚且特别，唱得非常不错。"

对于二人的这次会面，赤泽回忆道："第二天，本田先生打电话给我，说他昨晚有点儿冒失，叫我向佐桥先生传达歉意。我告诉佐桥先生后，他也说'自己昨晚有点儿失态'。等于两个人都挺在意对方的。"这不吵不相识的二位，后来在派对等社交场合相遇时，总是能轻松畅谈。

向 F1 发起挑战

◎ 赛车梦

"不去赛车，造出的车就不会好。在观众面前激烈角逐的赛车运动，才是车企迈向世界第一的道路。"

本田的赛车梦，随着其进军四轮汽车市场而日益高涨。1964 年 1 月，本田宣布 HONDA 要出征 F1 世界锦标赛。

F1，即 Formula One（一级方程式）的缩写。一般将 F1 世界锦标赛简称为"F1"，将参赛的赛车称为"F1 赛车"。而 Formula（方程式）是"规则、规格"之意。该赛事规定，比赛用车必须是四轮外露、单个座椅的纯赛道用车。

为了确保这项全球最高速赛车赛事的安全，其详细规定限制几乎年年有修改。目前，对于 F1 赛车的规定限制包括 12 汽缸、不加涡轮等增压器的自然吸气引擎、排气量不超过 3000cc 等。

四轮汽车竞赛从 19 世纪末便已存在，而发展到世界一级方程式锦标赛这样的级别，则是在 1950 年。F1 世界锦标赛由国际汽车联盟（即 FIA）主办，目前已发展为包括欧洲、南美、日本等 16 站左右的汽车大奖赛，以积分制的形式，让赛车手以及赛车制造商争夺年度综合冠军的宝座。

其中，各站的大奖赛皆分为预选赛和决胜赛。在预选赛中圈速最高的车手，便能在决胜赛中获得首发位置（Pole Position）。在决胜赛中，赛车手要驾车在单圈长度为 3 公里~7 公里的赛道上"跑圈"，直至跑完 300 公里~320 公里，中途可以按需更换零件和轮胎。在比赛中，赛车的最高时速可达 350 公里。这考验的是车厂的尖端技术，以及赛车手的体力和车技，可谓较量综合实力的优秀现代汽车运动。

前一年才刚发售一款小型跑车和一款轻卡的车企"新人"，居然要去挑战全球顶尖的汽车赛事。那些老牌车企都对本田的"蛮勇"感到惊愕。

本田在《日本经济新闻》上连载"我的履历书"始于1962年8月，而早在那年春天，他就在悄悄为参赛F1做准备了。

"既然要进军四轮汽车市场，我还要参战F1。"在本田看来，引擎的性能最终必须通过速度来体现。因此对本田而言，制造乘用车和参加汽车赛事，既皆为目的，也皆是手段。

同年8月起，HONDA开始着手设计270马力的引擎，该目标马力值是本田亲自敲定的。

随着时间的推进，本田对F1的热情和期待也日益高涨，他甚至说："既然参赛，不取胜就没意义。"

在研究所，本田每天还是一如既往的做派——叫来设计团队，自己盘腿坐在水泥地上，一边用粉笔在地上画草图，一边和团队展开讨论。

◎ 老爹欢颜

1964年2月13日，负责设计引擎的丸野富士也的记事本上写着这么一句，"老爹欢颜"。而以丸野为代表的研发人员之所以如此努力，其中很大的动机是为了让老爹高兴。对他们而言，老爹的笑颜便是"人生的意义"。当时，HONDA的金色试制车在荒川的测试赛道上试跑。经过一星期的测试，试制车首次突破了200马力，达到了210马力的动力水平。本田一脸满足地夸道："哦！可以啊。"

对于那段研发赛车引擎的岁月，丸野回忆道："老爹自己也在拼命努力思考。他晚上会来设计室，提出建议：'这个这么改良如何？那个那么改良如何……'然后才回去。到了第二天早上，他就会来问昨晚建议的落实结果：'改得咋样了……'并且又带了新的想法来。所以说，老爹根本就没时间睡觉。在那种连轴转的紧张状态下，看到试制车跑到210马力，老爹自然难得心情大好。"

虽然引擎已研发成功，但当时的HONDA不具备制造赛车底盘的技术。因此，HONDA起初的计划是只提供引擎，车身等部分则由另一家欧洲车厂包办，可那家原先答应合作的欧洲车厂突然宣布不参加F1了。

如此一来，一切都只能靠自己了。

于是，HONDA 的设计团队赶出了底盘的图纸。当时，F1 赛车的单体壳为硬铝材质，因此他们找了家飞机部件制造商，拜托其给车壳打铆钉。

经过一番苦心奋斗之后，HONDA 的第一辆 F1 赛车参加了 1964 年 8 月的德国站 F1 大奖赛。在预选赛中，HONDA 赛车连一圈都没顺利跑完；在决胜赛中，虽然一度努力冲到了第 9 名，却在还剩 3 圈时撞车退赛，可谓败得体无完肤。这也证明了世界级的竞技舞台不容小视。

但 HONDA 的技术人员们反而愈挫愈勇。

他们独自研发的燃油喷射装置等颇具成效——在 1965 年 10 月的墨西哥站大奖赛上，车手里奇·金瑟（Richie Ginther）驾驶的 HONDA 赛车第一次夺得了本田心心念念的冠军。在那场比赛中，从出发到最后冲过终点，里奇·金瑟始终保持首位。

工程师中村良夫于 1958 年加入 HONDA，他之前在东急铁工业公司工作。在被 HONDA 录用时，他向初次见面的本田献言道："我建议（HONDA）进军四轮汽车市场，并参加 F1。"据他回忆，当时本田激动地大叫：

"虽然不知道能不能行，但我的确想试试啊！"

中村参与了当时 HONDA 的 F1 计划的全程，并担任了 HONDA 车队的第一任监督。在见证了墨西哥站的首次胜利后，他在赛场的电报局给本田发了一封电报，内容是"来了，见了，赢了"。这是模仿古代罗马统帅恺撒的名言（原文是"Veni, Vidi, Vici"，意为"我来，我见，我征服"。——译者注）。他在回国后向本田汇报时，本田也只是夸了一句："哦！可以啊。"而并不说"赢了"或"胜利了"。

◎ 退出 F1

"既然要进军汽车行业，我们 HONDA 干脆就选了一条最困难、最崎岖的路，因此参加了 F1 大奖赛。不管是胜是败，都有助于我们发现问题、找出原因，从而将获得的技术心得不断应用于我们的乘用车产品中。"在因墨西哥站夺冠而召开的记者招待会上，本田如此说道。

这的确是本田和 HONDA 一贯坚持的基本理念：通过严苛的汽车赛事测试，将获得的新技术用在自家产品上。换言之，HONDA 的赛车是 HONDA 量产车型的"带头尖兵"。

本田对引擎始终极度执着。他会先定个大目标，然后自己既任领队又兼队员，亲临第一线带头推进项目。他会给下属布置课题，接着抽掉"梯子"——不给他们依赖和退路，让他们独自钻研。如果方向正确、关键到位，这种做事风格和手段的确有效。可倘若方向稍有偏差，便会导致现场混乱、组织动摇。"空冷水冷之争"便是其典型。

1968 年，本田下达了研发 F1 赛车空冷引擎的指示。前一年 3 月发售的轻型汽车 N360 销路喜人，该车型的研发工作由本田亲自"阵头指挥"，且搭载了空冷引擎。在 1967 年 9 月的意大利站 F1 大奖赛上，HONDA 车队再次夺冠。由此获得自信的本田，产生了一个想法：唯有靠空冷引擎，才能在世界车坛立足。HONDA 要在 F1 中证明这点，然后应用于量产车型。

而 HONDA 的年轻技术人员则认为空冷引擎已是明日黄花，今后的主流是水冷引擎。这也是业内的常识。

可依靠研发空冷引擎成功，做大 HONDA 摩托车业务的本田却固执己见。在本田的坚持下，研发团队只得同时研发水冷和空冷引擎，又一次陷入了"一心二用"的境地。

F1赛车空冷引擎倾注了本田的自信和热情，搭载该引擎的F1赛车于1968年打造完成，同年7月便在法国站大奖赛上匆忙上阵。当时的车手是法国人施莱瑟（Jo Schlesser），他在预选赛中排名倒数第二；在雨天举行的决胜赛中，他驾驶的HONDA赛车在一处弯道未能拐到位，导致车撞上防护墙后顿时起火，施莱瑟也被烧死。

至此，本田"凭借空冷引擎称霸F1"的目标以如此悲惨的结果收场，而运用该空冷技术的量产新车H1300亦因成本高昂销售不振。

当时，HONDA已在轻型汽车市场取得成功，并计划正式进军普通乘用车市场，因此并无余力在F1这项"烧钱运动"中持续投入；再加上限制汽车污染排放的规定就要出台，研发低污染引擎的项目迫在眉睫。于是，在1968年的赛季结束后，HONDA便退出了F1赛事。

负责研发上述F1空冷引擎并担任当时法国站大奖

赛中 HONDA 车队监督的久米是志（第三任社长）回忆道："当时上马空冷，一半是因为本田先生的强烈意愿，但作为项目负责人的我，其实多多少少也有类似想法，希望做别人没做过的事。没想到最后出了那样的事故，实在令我心痛……"

而对于当时一度动摇 HONDA 企业根基的"空冷水冷之争"，久米总结道："当时，HONDA 在四轮汽车市场的前途和表现，其实已经关乎 HONDA 的生死存亡。而空冷所带来的诸多不便和瓶颈，最终迫使我们得出了'唯有变为水冷才有出路'的结论。"

◎ 连战连胜

HONDA 的第二段 F1 生涯始于 1983 年。1978 年，河岛喜好社长在新年会上说，"赛车是我们 HONDA 的企业文化"，从而正式宣布了回归 F1 赛事的计划。1983 年，HONDA 赛车再次驰骋 F1 赛道，这与上一次已经相隔了 15 年之久。而在 10 年前，本田已辞去社长一职，在技术队伍方面，也完成了权力交接。这次参赛，HONDA 仅提供引擎，车身则由欧洲车厂打造，等于是共同参赛的模式。

先是以摩托车赛和 F2 赛事为铺垫，到了 1983 年，HONDA 正式回归 F1，其参赛的首站是英国站大奖赛。本次比赛中，HONDA 成绩低迷。但在 1984 年 7 月，在美国达拉斯站大奖赛上，与威廉姆斯车队组队的 HONDA 车队，终于在回归 F1 的第 10 场比赛中夺冠。

1986 年，在回归 F1 的第 4 个年头，HONDA 获得了梦寐以求的"F1 赛车制造商"头衔。那一年，在赛季最终站的澳大利亚站大奖赛上，作为 HONDA 最高顾问的本田与夫人幸女士一同在现场观战。当时，在 HONDA 车队成员面前，本田以正坐的姿势，深深地低头致谢："谢谢大家传承并延续了我们这一辈的梦想，你们的表现非常出色！"

对 HONDA 而言，其第一段 F1 生涯出于本田个人的兴趣爱好，是摩托车比赛的延长线，也是进军四轮汽车市场的宣传活动。而从技术层面看，其亦是"移动的实验室"。

但第二段 F1 生涯则是组织化的人力与金钱的投入，是河岛口中的"企业文化"的综合实力体现。1987 年，

HONDA 实现了合作车队和车手皆夺冠的"双冠"壮举。1988 年，HONDA 更是创造了 16 战 15 胜的连战连胜纪录，可谓 F1 历史上的一座丰碑。

1976 年至 1977 年，F1 的日本站大奖赛在富士赛道举办，从 1987 年起的 5 年间，则一直在铃鹿赛道举办。中岛悟作为首位日本籍 F1 赛车手，于 1987 年初次登场，并在参赛头一年便在英国站大奖赛上获得第 4 名。总之，HONDA 在 F1 赛事上的出色表现，在日本掀起了"F1 热潮"。

与第一段 F1 生涯相比，当时的第二代 HONDA 车队的理念已十分先进——车队成员并不把 F1 单纯视为汽车比赛，而是一场科学较量。他们不靠直觉和经验，而是通过数据分析实现了全面的系统化。该系统具有可复制性和普遍性。换言之，不管谁来操作，都能得出相同的答案。

第一个在 F1 中使用电脑的正是 HONDA 车队。车队通过无线信号，从飞驰的赛车上获取相关信息，并进行即时解析，然后对车手发出相应指示。队员之间通过对讲机共享信息在如今属于稀松平常之事，可当时在一众外国车队的眼中，HONDA 车队的此举可谓古怪。换言之，在 HONDA 车队，为车手提供支持保障的主心骨已不是维护车身和引擎的传统机械师，而是管理电子控制系统的电子系人才。

这也导致指示变得精确细致。面对 HONDA 这种高科技化的比赛风格，当时车队的巴西车手艾尔顿·洗拿（Ayrton Senna）反应灵敏，适应度极好。他的感知能力极为优秀，能察觉赛车的细微抖动和引擎的微小变化，并及时准确地反馈给车队工作人员。

与 HONDA 合作的洗拿曾 3 次夺得 F1 世界冠军的头衔。而其每次奠定胜局的"舞台"皆是铃鹿赛道。在他 F1 赛车生涯的 41 场胜利中，有 32 场是在与 HONDA 合作时取得的。因此，他可谓 HONDA 第二段 F1 生涯中的"守护神"，亦是日本 F1 热潮的功臣之一。

至此，HONDA 在赛车领域迈入了"机械狂人"本田遥不可及的世界——一个不再以既有知识和野性直觉为王的世界。回想当年，本田亲自在荒川堤岸的测试赛道试车时，车胎居然在行驶途中飞出。这样的糗事，仿佛是非常遥远的了。

◎ 三度挑战

本田去世 1 周年后不久的 1992 年 9 月，HONDA 决定暂停参加 F1 赛事。当时，任社长的川本信彦通过公司内部广播，向全体员工传达了这项决定："技术冒险已是过去，车队成员也日显疲态，再加上日本经济泡沫的破灭，如今，即便只考虑我们 HONDA 所处的现实环境，也到了应该暂停参加 F1 赛事的时候。"虽然 HONDA 战绩优秀，创造了惊人的胜率，但每年将近百亿日元的参赛支出，已然拖累了 HONDA 的公司业绩。

失去 HONDA 这一亲密后援的冼拿，在 1994 年 5 月 1 日的圣马力诺站大奖赛上，因驾驶的赛车撞上了防护墙不幸身亡，年仅 34 岁。媒体报道了这一噩耗后，当时的日本车迷聚集在位于东京青山的 HONDA 总部，悼念这位赛车界的传奇英雄。

2000 年，HONDA 又一次回归 F1，首战参加的是澳大利亚站大奖赛。这是 HONDA 经历 8 年空窗期后的第三段 F1 生涯。而 2002 年，丰田也首次加入了 F1 赛事，且从引擎到车身都自给自足，属于独立车队。

对于之前一直"君临"日本 F1 车界的 HONDA 而言，等于碰上了最强的竞争对手。但假如生前一直标榜自由竞争的本田还在世的话，想必会说这是求之不得的事，并且感到欣喜和振奋吧。

豪赌小型汽车

◎ 称霸轻型汽车领域

1965 年后，日本的私家车市场势头良好、高歌猛进。纵观当时日本的车市，以 1965 年为分水岭，车型从卡车主导型转变为乘用车主导型。

1966 年，日本的四轮汽车产量超过了英国，位居世界第三，仅次于美国和西德。空调、彩电、私家车的"3C 时代"（日本人将这三大件称为"Cooler""Color Television"和"Car"，因此简称为"3C"。——译者注）已然来临，因此，1966 年亦被称为"日本的私家车元年"。

同年，日本各大汽车厂商都推出了排气量 1000cc 级别的小型汽车。比如日产的"阳光"、富士重工的

"斯巴鲁"、三菱的"柯尔特"、东洋工业（如今的马自达）的"福美来"、丰田的"卡罗拉"。它们都销量不错，日渐成为日本人的"大众车"。

作为日本最后进场的四轮汽车制造商，HONDA 不仅在生产设备方面有差距，在销售网络和售后服务方面亦未成熟。正因如此，当时的 HONDA 还是着力于轻型汽车市场。

对于当时别家在售的轻型汽车，本田对其车内空间和动力方面皆有不满，认为"车虽然可以做小，但人可不会相应缩小""目前的轻型汽车马力不足，使超车等操作十分困难，最终成为事故的诱因"……另外，时任专务的藤泽武夫也认为，"虽然一众小型汽车风头正盛，但只要轻型汽车足够优秀，能兼顾便宜和好用，则其销售前景依然可观"。当时，本田已经明白卖跑车无法成为公司的赢利手段，因此决定按照藤泽的推测赌一把。

研发车型采用摩托车惯用的空冷引擎，并最大限度地压缩机械结构所占的空间，提高了车内空间率，形成了所谓的"实用微型车"（Utility Minimum）理念。此外，本田对外形设计亦十分执着——对于由黏土制成的一比一整车最终模型，他居然又拿着刨子进行了一番临时修改，导致相关模具不得不重制。此举不仅多耗费了800万日元的成本，而且还让当时的模具负责人十分慌乱。

历经多方努力打造的N360车型于1967年春季正式发售。HONDA当时在报纸上登的广告如此写道："N360的设计，以您的乘坐空间为优先！"体现了该车型主打空间的营销战略，再加上其31.3万日元的低售价，N360成为一款在性能和空间方面可与"卡罗拉"和"阳光"媲美，价格优势明显的轻型汽车。发售后，N360一炮打响。

对此，河岛回忆道："（N360发售后，）那些老牌车企一通嘲讽，说什么'本田做出来的乘用车只是四个轮子的摩托车而已'。的确，N360搭载的是摩托车常用的空冷引擎。所以我当时反而挺佩服他们，因为他们'吐槽'得还蛮到位。"

而购买了N360消费者们则对它非常喜爱。当时在N360的车友圈里，大家给它取了个爱称叫"N coro（小N）"，可见其拥趸之多。转眼间，HONDA一跃成为轻

N360 的半透视图。这张产品手册中的车体图由相关设计师手绘而成。单体壳车身和较大的车内空间是该车的特征。

型汽车厂商中的佼佼者。

正可谓好事多磨，HONDA 的这款爆款产品，后来却受到了消费者运动风暴的牵连。

◎ 缺陷车骚动

当时在美国，消费者权益保护运动日益高涨。美国律师拉尔夫·纳德可谓这场运动的典型人物，他意识到汽车构造的危险性是个不容忽视的问题，于是在 1965 年出版了《任何速度都不安全：美国汽车设计埋下的危险》一书，并以"销售缺陷车"为由，对通用汽车公司提出起诉。此举引起了美国民众的关注，成为日后消费者权益保护运动爆发的引子。不仅如此，在纳德的推动下，美国国会于 1966 年通过了《国家交通及机动车安全法》。

纳德后来成了保护消费者权益运动的领导人物。为了调查车企、联邦政府和议会的相关舞弊行为和不作为，他请来年轻的法学家、消费者问题专家以及其他相关学者，组成了一支调查队伍，人称"纳德突击队"。此外，旨在"监督汽车安全性"的美国汽车安全中心亦是上述保护消费者权益运动的急先锋。但这一系列运动有时过激，在社会上造成轩然大波。此外，还有一些批判的声音，认为相关的调查活动过于肤浅和偏激，似乎一味执着于对抗大企业和政府。

在美国的影响下，日本也于 1970 年 5 月成立了名为"日本汽车同盟"的消费者团队。该团队打着"私家车主，团结起来！"的旗号，旨在号召当时已达百万人的日本私家车主群体监督相关政府部门和汽车厂商。不仅如此，日本汽车同盟还涉足产品测试、投诉咨询和法律援助。可见，时任该同盟事务局局长的松田文夫完全以成为"日本的纳德"为目标。为此，他还极为前卫地发起了"缺陷车曝光活动"。

而该曝光活动的"靶子"便是 HONDA 当时"摇钱树"级的畅销车型——N360。

日本汽车同盟以一起导致 N360 车主死亡的交通事故为由，称该车的设计缺陷是车主致死的根本原因，并在 1970 年 8 月，以"死者家属代理人"的身份向东京地方检察厅特搜部提交了起诉书，被告是 HONDA 的社长本田。当时，东京地方检察厅传唤了 N360 的研发负责人，在负责人前往东京地方检察厅前，本田对其鼓励道："越是遇到难关，越要直视问题，直面矛盾。"

在后来日本国会议员发起的听证会上，一众 HONDA 干部皆站在了风口浪尖。其中，作为"参考证人"出席的 HONDA 专务西田通弘明确表示，所谓 N360 存在设计缺陷的说法并不合理。之后，东京地方检察厅特搜部请来了第三方专家进行鉴定，最终得出的结论是

"事故与车体设计缺陷之间无因果关联"，最终驳回了原告方的起诉。

可这场缺陷车骚动不仅使 N360 的销量备受打击，也对日本社会产生了较大影响。整个日本的轻型汽车市场都因此一落千丈。

◎ 失败的小型汽车处女作

1967 年 9 月，本田决定进军小型乘用车市场。这是他心心念念的抱负——制造并销售常规尺寸的汽车，即真正意义上的乘用车。

"既然要搞，就要走在丰田和日产前面。"踌躇满志的本田描绘的产品规格是独创的空冷引擎、高动力输出、高级轿车、FF 结构（前置前驱）。

同年 3 月发售的轻型汽车 N360 搭载的是空冷引擎，其一度成为日本轻型汽车市场的销量冠军。就像对 F1 赛车引擎的"空冷执着"那样，本田坚信，HONDA 的独创性必须通过空冷引擎技术来体现。但广大员工对此却持怀疑态度。在他们看来，大众化的乘用车似乎与空冷引擎不沾边。

又一次"阵头指挥"的本田依然固执己见，对着完成的设计图，屡屡下达修改命令："这怎么行？马上改!"不仅如此，本田每天都会去技术研究所，对相关负责人直接下达指示："油箱形状得改，从而减少风阻。""加上鳍条，就像这样……"

总之，本田的一句话，可能就会导致其他作业停滞。毕竟对于老爹的命令，没人敢说"做不到"。如此反复地变更设计要求，使研发成员们精疲力竭，搞得时任技术研究所长的杉浦英男不得不为本田设置一个"特别交谈角"。他与本田"谈判"道："社长，您有意见别直接去和研发团队讲，这样负责人会不知所措。请务必来'特别交谈角'。"

对于当时本田技术研究所的混乱情况，杉浦后来点评道："（本田）是个白手起家、自信强势的企业家，又是企业技术领域的领军者，还有了不起的成功经验。一个企业如果有这样的领导，那针对某项策略或路线的工作就不可能'中途刹车'，而是必然'一条道走到底'。"

这一点的极端体现，便是量产流水线完成后的设计变更。1968 年 10 月，历尽艰辛才打造出的 HONDA 初代小型汽车 H1300 终于发布，并在车展上也获得了不错的反响。在 HONDA 内部，其正式投产的准备工作也即将完成。可就在这最后的节骨眼儿上，为了追求更加完美，本田又下达了变更设计的命令。变更之处不仅涉及车体和引擎，而且修改要求多到每天平均有 180 项。有的相关负责人连日不眠不休地加班，只能在上厕所的时候打个盹儿。

这不但使 H1300 的发售日推迟了 1 个月，还造成了"流水线逆流"的状况——拆掉装好的车体，卸下引擎，在换掉一些部件后，再装回引擎，最后重新装配好车体。这种流水线上的返工操作，可谓前所未闻。

经过这么一番"折腾"，H1300 终于在 1969 年 5 月发售。作为 HONDA 小型汽车（真正意义上的乘用车）的处女作，其现实销售表现却与期待相反，一开始就不尽如人意。该车的确凝聚了 HONDA 对技术的追求和执着，但这点只打动了当时的"硬核车迷"，大众对此并不感冒。换言之，对市场而言，HONDA 的初代小型车 H1300 属于失败的作品。

对此，杉浦在日后反省道："一言以蔽之，（我们当时）没有理解透汽车的商品性质。在造车时，必须全盘考虑、综合评估，而我们误以为只要对各处细节精益求精，便能造一辆好车。而本应作为手段的技术，也在不知不觉中成了我们的目的。"这通反省，也体现了HONDA内部对本田的一些做事方式和理念的质疑，比如对他的"唯空冷引擎论"。

◎ 徒弟们造反

1969年夏天，本田技术研究所约60名年轻技术人员齐聚轻井泽，以"H1300为什么卖不出去"为主题，展开了讨论。据杉浦直言，这是商讨"如何让老爹认错"的对策会议。

经过讨论，大家得出了一致意见：空冷引擎太重，导致车重配比前重后轻，这引发了轮胎磨损加剧等一系列问题，其中包括工艺成本过高，导致售价也偏高。不仅如此，汽车排放的法规限制即将出台，为了过关，明明有轻松便利的大路（水冷）可走，却偏偏要选空冷这条困难重重的窄路。

当时，杉浦把时任 HONDA 副社长的藤泽请到了轻井泽的讨论会现场，并向他"申诉"道："您看，研发第一线的年轻员工们如此烦恼，我们不知向社长提了多少次空冷行不通，可每次都被驳回。"当晚，杉浦和藤泽一边喝酒，一边继续说这件事。

后来，藤泽又在热海与久米是志（第三任社长）等项目经理交谈，倾听了他们的意见和想法。这使他最终确信，若继续执着于空冷，HONDA 便会在四轮汽车市场被对手越甩越远。

于是，他马上命令杉浦："咱们回研究所后，你立马去社长那里一趟。"

"之前劝了社长许多次，可他就是听不进去，所以才找藤泽先生商量，想拜托您去帮忙说服的……"虽然杉浦心中有诸多不满，但也不好说什么，于是一行人坐车，匆匆从热海回到了技术研究所。

到了技术研究所，杉浦找到本田，战战兢兢地表述了意见。而本田只淡淡地回了一句："哼，为什么不先找我，却先去找副社长商量了呢？"

仅此而已。对于杉浦的意见，本田既未表态，也未做出指示。当时，HONDA 新车"LIFE"的设计终稿已到了亟待敲定的阶段。时间不等人，无奈之下，杉浦等人只得对本田继续"死缠烂打"。

他们向本田谏言道："请务必让我们尝试研发水冷引擎，这样下去，HONDA 将来不及应对汽车的排放限制令。"

本田先是沉默了一阵，最后终于松口道："随你们吧。不过相关工艺得做到位，可别漏了！"说罢，便起身而去。

当时，杉浦等人一阵狂喜："HONDA 这下有救了！"

可他们当时并不知道，颠覆"顽固分子"本田的"空冷执着"的功臣并非他们，而是藤泽。这点在后面会详述。

◎ **应对《马斯基法》**

在那个年代，排放汽车尾气的危害已日渐引起社会的广泛关注。1966 年 9 月，日本的运输省出台了《汽车尾气排放规定》。

在美国，加州和联邦政府也先后开始制定旨在防止大气污染的法规。作为其主要推动者之一的上院议员埃德蒙·西克斯图特·马斯基将《大气污染防止法》进行了大幅修改，然后提交议会。最终，该法案在1970年底生效，人称《马斯基法》。该法案规定，从1975年起，汽车的一氧化碳（CO）和碳氢化合物（HC）的排放量须降至原来的1/10；从1976年起，汽车的氮氧化物（NOx）的排放量须降至原来的1/10，可谓极度严苛的基准。当时，对于全球所有的汽车制造商而言，这都是一个不可能的任务。

从1966年开始，本田技术研究所针对汽车尾气排放规定进行相关研究工作。当时，研究所主要忙于F1项目和研发四轮量产车，因此负责该项研究的团队居于次要位置，主要成员也是清一色的应届大学毕业生，大家都是云里雾里、毫无头绪。而对先前一直致力于研究高转速、高输出引擎的老员工而言，这也是不得不从零开始学的全新领域。

本田见团队成员整日研究既有学术文献，便怒斥道："你们整天就知道思来想去，让时间白白流逝，却没有一点儿实际行动。换作我的话，肯定先试着做了再说!"这的确符合本田一贯的风格。

可哪怕如本田这样的技术天才,面对 CO、HC、NOx 这种"看不见的对手",也是一窍不通。当时,日本国内甚至没有评测这些尾气成分的机器设备。

1969 年下半年,团队终于发现了一丝曙光。当时有研究发现,如果油气混合气体非常稀薄,则其燃烧后的排放物质就会大幅减少。于是,"如何让稀薄的油气混合气体点火成功"便成了关键的技术课题。

经过多次论证,研发团队在引擎燃烧室的旁边加一个副燃烧室,然后在副燃烧室中引入容易点燃的混合气体,点火成功后,再将火喷射至第二段的主燃烧室,从而点燃主燃烧室中稀薄的油气混合气体。这种拥有副燃烧室的引擎结构,便是团队最终的智慧结晶。

当时,该方案还处于实验初期,而且是别家从未尝试过的独家原创,因此属于团队内部的一级保密事项。可本田不知道从哪里听到了风声,他找到团队成员,"逼迫"他们解释原理。在听了研发的过程和原委后,本田露出了喜悦的表情,还热心地提议道:"至于引擎的燃料供给方式,除了汽化器,也可以试试喷油器……"

虽然引擎最后实际投产时采用的是汽化器方式，但本田对这款低污染引擎的期望骤然提高，他强调："作为最后进场的四轮汽车制造商，（低污染引擎）是我们HONDA迎头赶上、与竞争对手站在同一起跑线上的绝好机会。"之后，团队规模从最初的30人一度暴增至百余人。

研发时用的引擎来自 HONDA N600 车型的引擎，团队对其进行改良，并加装了副燃烧室。在经过反复的实车行驶测试后，该引擎的减排效果得到验证。本田在听取相关汇报后，决定公开发布这款低污染引擎。

当时，该引擎还不完美，并未正式完成，本田之所以急于发布，旨在制造广告气球效果（市场试探效果），他说："如果坐等（该引擎）慢慢完成，那公司就要倒闭了。"这是本田惯用的"抽梯子"战术——制造既成事实，让团队退无可退，只得拼命完成。而通过内外公示成果这一举动，还能鼓舞全体 HONDA 员工的士气。

至于这款低污染引擎的名字，则是在 1971 年 2 月的发布会召开之前才定下来——CVCC（Compound

Vortex Controlled Combustion，复合涡流调速燃烧）。这个名字是当时的研发负责人取的，之所以取这么一个艰涩的"洋名"，是因为当时该引擎还未申请专利，倘若取个"主副燃烧室引擎"之类的直白名字，就等于暴露了核心的结构技术。发布会由本田在东京大手町的经团联会馆亲自召开，面对邀请来的一众记者，本田宣布："我们研发的往复式 CVCC 引擎能够满足汽车尾气排放的规定值。到了 1973 年，该引擎便能投入商用。"

◎ 公开专利　引领世界

1972 年 10 月，这款 CVCC 引擎成品的正式发布会在东京赤坂的王子酒店举行。当天，HONDA 在酒店大厅设置了展示区，为了体现引擎绿色环保的特性，展示区使用了蓝色的隔板装饰，而引擎的完成品则放置在展区中央。那天，本田笑容满面，与研发团队的成员一起在展示区解答各路媒体的提问。这场发布会标志着 HONDA 凭借独创的自有技术，成为全球造车业的排头兵。对一向讨厌模仿他人的本田而言，正可谓实现了自

1972 年 10 月 12 日，在东京赤坂的王子酒店召开 CVCC 引擎发布会的本田宗一郎。

首辆下线的"思域·CVCC"。摄于 1973 年 12 月。

己"靠自有技术闯出一片天地"的梦想。

媒体对此反响强烈，不少报纸做了相关报道，诸如《该技术亦可用于其他厂家的引擎》《不需要催化器等尾气净化装置，因而杜绝了二次污染》等，而有的报纸为了吸引眼球，甚至用大号字打出了这种惊人的标题——《丰田、日产，如何应对？》

除了日本国内，在海外，CVCC引擎也引起了强大反响。美国的环境保护局（美国国家EPA，如今的环境保护厅）要求HONDA提交搭载该引擎的测试车。碍于HONDA当时并未生产足以容纳该引擎的车型，因此不得不搞来一辆日产"阳光"，在上面装上HONDA的CVCC引擎。为了满足车重要求，车上还放了一些沙袋。1972年12月，该车在美国密歇根州的安娜堡进行了排放公开测试，结果，CVCC一举成为符合《马斯基法》规定的首款引擎，而《马斯基法》要到1975年才强制生效。

本田当时宣布，将公开这项降低环境污染的引擎技术。作为国内最大的车企，丰田率先认可和引进了HONDA的CVCC技术。

之后，全球多家车企皆跟进，从福特、克莱斯勒，到五十铃等，本田技术研究所一时间访客不断。作为最后进场的四轮汽车制造商，HONDA 却在大气污染对策领域弯道超车，实现了行业领先的壮举。

◎ 低排放、低油耗的思域大卖

在正式发布 CVCC 引擎的完成品之前，1972 年 7 月，HONDA 发售了新车"思域"。

1973 年 10 月，搭载 CVCC 引擎的改良型"思域"发售。这是 HONDA 首款真正意义上的小型乘用车，4 门，排量 1500cc。该车彻底吸取了当初 H1300 的失败教训——"思域"的引擎为水冷，车身结构简洁，且价格较便宜。加上颇具个性和识别度的外观设计，"思域"人气颇高，荣获日本"1973 年年度车型"的美誉。"思域"当年虽然只卖出 2 万辆，但在 3 年后，其累计销量已达 17.6 万辆。在《马斯基法》初步试行的 1974 年，HONDA 向美国的 EPA 提交了"思域"的测试申请，经测试，"思域"获得了 EPA 的认定。在测试过程中，EPA 的检查人员指出"思域"的燃油经济性很好，对当时在场的 HONDA 员工而言，此话可谓醍醐灌顶："我们一直专注于排放问题，完全没有考虑过油耗。" HONDA 的员工们由此认识到，今后排放达标是对所有车企的基本要求，因此行业的竞争焦点将转为燃油经济性。

从 1973 年的初代 CVCC "思域"，到 1978 年款，HONDA "思域"连续 4 年称霸同车型中燃油经济性排名的榜首。在美国，HONDA 在原先深耕的二轮车口碑的基础上，也逐渐提高了其在四轮汽车领域的知名度。通过 CVCC 引擎，HONDA 实现了"弯道超车"，搭载该引擎的 HONDA 小型车起到了开拓新市场的作用。这一番"布局"，使 HONDA 与丰田和日产真正比肩。

1973 年 10 月，本田将社长一职让与河岛喜好，与辞去副社长一职的藤泽武夫一同退居"董事兼最高顾问"的二线位置。不久，第四次中东战争爆发，石油危机与物价飞涨的风暴席卷全球。所以说，思域的大获成功，可谓为本田功成身退铺就的红毯。

爽朗退任

◎ 加速权力交接

1969 年的"空冷水冷之争"大幅加速了 HONDA 内部老人新人之间的权力交接。面对一味执着于空冷的本田，以久米为代表的一众年轻技术人员则要求研发水冷引擎。对于 HONDA 的这段历史，有人将其视为"政变""造反"，这样的要素的确也存在，但真正让本田回心转意研发水冷的功臣，其实是藤泽。

前面也提过，1969 年夏天，藤泽与研究所的年轻员工们在热海住了一晚。其间，通过和他们的交谈，藤泽再次认识到水冷的优势。回到东京后，他便向本田传达了年轻员工们的意见。

"不，不。水冷能实现的性能，空冷也能实现。跟你说你也不懂。"

对于技术，本田有坚定的信念。藤泽深知这点，因此从不妄议本田的这片"圣域"。而当时，藤泽做好了心理准备，毅然决定首次踏入这片"圣域"。

"是当本田技研工业的社长，还是仅仅当个技术工程师。这两条路，你必须得选一条吧。"

沉默了一阵后，本田说："我应该当好社长。"

"那你会准许他们研发水冷，对吧？"

"好吧，就这么办吧……"

天才不可能终生是天才。所谓天才，只是在重要的时期发挥出了超凡的能力，创造了伟大的事业或进行了伟大的发明，仅此而已。更不用提像造车这种技术飞速进步的领域。所以说，"空冷水冷之争"其实是本田宗一郎走过天才全盛期的标志性事件。

◎ 向集体领导制度转型

1970 年 4 月，HONDA 由从创业时起就一直持续的"本田+藤泽"的"两人三脚"领导制度，转型为以河岛、川岛、西田、白井这四大专务为核心的集体领导制度。

当时，藤泽对上述四人宣布道："社长和我不会再事事过问，包括将来计划在内的日常工作事务，都由你们四名专务来负责推进。如果真有困难和问题，可以找我商量。"这项决定，其实是为 HONDA 这两大首脑（本田和藤泽）日后正式引退而做的铺垫。当时，日本正处于空前的经济繁荣期，史称"伊弉诺景气"（指1965 年至 1970 年的日本经济繁荣期。——译者注）。

从那之后，藤泽就不怎么在公司露面了。对此，河岛回忆道："藤泽先生如果来公司，那肯定是有什么不放心的事。在听取了相关汇报后，他一般就说一句'那没问题了'，然后就又回去了。"

至于兼任技术研究所社长的本田，则每日都驾驶着自己的爱车 H1300，前往位于日本埼玉县和光市的研究所上班。当时的研究所已经成功培养出了一批优秀的技术人员，但其独立于 HONDA 公司的扁平化"镇纸型"组织结构，此时却日渐显露弊端——位居一众技术专家之上的，唯有本田一人，他宛如镇纸顶部的提纽，即使看似微不足道的小意见，都会对研发工作产生巨大影响。随着这种情况在当时的逐渐增多，有的员工主张权力交接势在必行。

问题是谁去说呢？在各种因素下，最终由时任总务干部的西田通弘担起了这个沉重的任务。

那天，西田到了研究所后，便去敲社长办公室的门。本田邀西田共进午餐，二人一边吃着荞麦面，一边天南海北地聊了一阵。

见时机差不多了，西田便切入了正题："您看，咱们的研究员也都成长起来了，是不是该考虑把接力棒递给年轻人了？"

本田即刻回应道："你还真敢说嘛。"

接着，他又说："既然如此，那我干脆今天就让贤吧。"说罢，他拿出手帕，擦了擦眼泪。

对此，西田日后感慨道："本田先生是个工作狂，一旦投入，便心无旁骛，其他什么都不顾了，所以他平时完全不管人事这块。可我当时就那么一句话，他便完全理解了，甚至还有点欣慰的感觉。"1971年4月，趁着低污染 CVCC 引擎刚刚发布的绝好时机，本田将技术研究所社长一职让与河岛喜好，这可谓本田技术生涯的句点。之后，本田便专注于 HONDA 总公司的社长工作。此举标志着 HONDA 的新一代组织结构正式成型。

在本田刚辞去技术研究所社长一职后的一段时间里，有好长一段时间，他都每天早上从下落合的家里出发，朝着研究所开。等车开到中途，才想起自己已经不是社长了，于是再掉头回去。可见，在本田心中，本田技术研究所已经是他的本家，他的一切。

1971 年夏天，美国尼克松总统发布了美元防卫政策，宣布取消金本位。此举产生的"尼克松冲击"导致当时东京证券交易所的股价暴跌。那年末，先前 1 美元兑 360 日元的固定汇率被打破，变为 1 美元兑 308 日元（基于史密森协定）。对此，本田当时疑惑不解："为什么汇率会变？之前不一直是 1 美元兑 360 日元吗?"他还与藤泽半开玩笑地感叹道："这时代变化真快，我们这些老人跟不上啦……"

在此冲击下，五十铃与通用汽车合资，第一银行与日本劝业银行合并……日本当时的经济形势动荡，而已然成为大企业的 HONDA，日渐显现出灵活性方面的短板。

对此，藤泽深感忧虑，在他看来，所谓企业经营者，哪怕在连续三天睡眠不足的疲劳状态下，也必须能够作出正确决断。如果没有这样的能力，便不够格。平时还好，可在异常事态发生的节骨眼儿上，就更需要企业经营者迅速做出正确决断。倘若由于上了年纪而在体力环节"掉链子"，从而导致判断失误，就可能会对企业造成灭顶之灾。这样的实例并不少……50 岁便早逝的织田信长能够至死追寻男儿梦，但逐渐衰老的丰臣秀吉却晚节不保……

也正因为如此，藤泽对河岛说道："我和本田先生终有一天要走的，到时候你们怎么办？"于是，河岛开始着手以四大专务为核心的体制改革活动。这是藤泽为了让 HONDA 顺利过渡至"后本田时代"而做的铺路工作。对藤泽而言，自己接下来所剩的唯一任务便是如何让本田光鲜亮丽地功成而退。

◎ **要辞一起辞**

如果说时代有潮起潮落，那领导亦然。

1973 年 3 月的一天，副社长藤泽对西田通弘专务说道："这个财季结束后，我就会辞去副社长一职。你替我告诉本田社长。"

那年秋天，HONDA 即将迎来创立 25 周年的纪念日。眼看年轻一辈已渐渐能独当一面，再加上本田的领导力渐渐出现瓶颈，藤泽看准时机，做出了如此的决断。

同年夏天，本田去中国出差。其间，"本田社长、藤泽副社长引退"的消息不胫而走。当本田出差回国、抵达羽田机场时，试图向他本人确认消息真伪的媒体记者都在扎堆守着。当时去接机的西田向本田转达了藤泽的意思。虽然这出乎本田的意料，但他即刻理解了藤泽的用意，考虑了片刻后，他对西田说道："有藤泽武夫，才有我这个社长，既然他这个副社长要辞职，那我也一起辞。"

接着，本田在羽田机场对记者们笑着宣布："我其实早就打算辞去社长一职，之前就和藤泽副社长商量过，没想到在我出国时走漏了消息。"

他接着说道："我已经 65 岁了，虽然心态依然年轻，但对于瞬息万变的企业经营活动，我已经有点儿跟不上节奏了，况且我们 HONDA 已经后继有人，因此现在正是急流勇退的好时机。我和副社长两个人加起来可以独当一面，少一个都不行。就好比两个半吊子艺妓，一起唱曲儿表演才算一个完整的艺妓水平。所以说，我们要辞当然也是一起辞。"他说这番话时，语气平缓，似乎是在说给自己听。

同年 10 月，本田和藤泽——HONDA 的两大顶层人物在股东大会上正式宣布退任。持续了 25 年的"两人三脚"体制落下帷幕。此时，本田 65 岁，藤泽 61 岁。

按照当时的标准，作为领导，二人的年龄并不算大，完全不必退居二线；而作为社长继任者的河岛喜好当时仅 45 岁，其实，早在 HONDA 还是坊间小工厂的 1948 年，河岛作为本田招收的第一个大学毕业生便入职了，属于"元老级"员工。如此年轻便居此高位，这在当时的日企中实属罕见。也正因为如此，这场 HONDA 的权力交接在当时引起了巨大反响。

对于本田这种不迷恋、不执着的爽朗退任，媒体交口称赞，诸如《爽朗的交接》《不拖泥带水的退任》等标题见诸报端。

同年（1973 年）8 月，藤泽在《卸任致辞》中写道：

在已决定退任后的一次会议上，我和本田先生碰面了。其间，他对我使了个眼色，叫我过去一下，于是我便走了过去。

"还行吧。"他对我说道。

"是啊，还行。"我答道。

"我觉得挺幸福的。"他又说道。

"我真的非常幸福，这要由衷感谢您。"我答道。

对此，他说道："我也要谢谢你，让我拥有了精彩的人生。"

就这样，我们之间有关引退的话题便结束了……

另一位创始人藤泽武夫

◎ 演员与导演

本田与藤泽的关系正如车子的两个轮子。一个是埋头造物的激情工匠，一个是历经商战的成熟商人。作为土生土长的东京人，藤泽兴趣广泛、通识人心、眼界开阔，是一个擅于均衡且协调各方面的人。

曾在藤泽麾下负责销售并开拓 HONDA 美国市场的川岛喜八郎（后来曾任 HONDA 副社长）如此点评本田与藤泽的关系："如果说本田先生是知名演员，藤泽先生便是知名戏剧导演。他设计布置好舞台，写好剧本，然后让本田先生这个名角翩翩起舞。"

社长本田，经营者藤泽，这两个性格强烈的灵魂组合在一起，便实现了 HONDA 的发展。

1910 年 11 月 10 日，藤泽出生在东京小石川的一户家庭。父亲做过银行职员等工作，后来自己开了一家制作电影院幻灯广告的广告公司。可在藤泽就读私立京华中学（现在的京华高中）一年级那年，父亲的公司在关东大地震中被付之一炬，剩下的唯有债务。再加上立志当教师的藤泽后来未能考取东京高等师范学校（现在的筑波大学），为了养家糊口，他不得不开起了写作坊，承接代写书信之类的业务。工作之余，他遍读各种文学书刊，属于内向型的文学青年。

之后，藤泽征兵入伍。在度过了 1 年的部队生活后，1934 年，他入职于东京八丁崛的一家名为"三轮商会"的钢材批发商。作为销售员，他走遍街头巷尾的各家小工厂和作坊推销钢材，开拓了一个个客户，成为商会的"销售标兵"。他并不属于那种油嘴滑舌、能说会道的推销员，相反，他以"诚心诚意"为座右铭，如果无法如期交货，他就会老实告诉客户背后的真实原因，并会站在对方的立场为他们出谋划策。因为推销商品，因此他对市场行情十分敏感。通过这样的历练，藤泽拥有了商业方面的眼力和直觉。后来，"三轮商会"

的店主被征去当兵时，他甚至被委以"掌柜"的重任，负责经营商会。之后，他设立了日本机工研究所，主营切削工具的生产制造。待店主服役完毕回来后，他便独立了。那一年，他才31岁。

当时，日本机工研究所也是中岛飞机厂的供应商之一。而中岛飞机厂收货时的质检负责人，便是后来为藤泽和本田牵线搭桥的竹岛弘。竹岛毕业于滨松高专（后来的静冈大学工学部），在本田作为旁听生去该校听讲的那段时间，竹岛正好担任该校的客座讲师。后来，竹岛入职于中岛飞机厂，与作为活塞环供应商的本田再会。也正因为如此，从竹岛那里，藤泽听说了有这么一位"滨松的技术天才"。

1945年6月，为了躲避美军空袭，藤泽不得不去福岛的二本松避难。讽刺的是，8月15日，日本机工研究所的机械设备刚被转移到福岛的二本松，战争就结束了。

对战后的日本而言，比起切削工具，建筑木材的销路更好。在此判断下，藤泽在福岛买下了一片山林，开始从事建材业。同时，他也会时不时地前往东京，旨在寻找在东京东山再起的机会。

1948年夏，在依然四处断壁残垣的东京市谷车站附近，藤泽与竹岛偶遇。当时，竹岛已是通产省的技术官员。

之后，藤泽关掉了位于福岛的建材工厂，转而在东京池袋开起了木材店。有一天，竹岛联系了他，问他"想不想见见本田"。

◎ **命运的邂逅**

藤泽与本田命运的邂逅发生在1949年8月。二人在位于东京阿佐谷的竹岛家中见面，当时的竹岛家只是一座木板棚屋。

那年夏天，日本接连发生了诸如下山事件、三鹰事件等离奇事件，导致整个社会一片哗然。但同时，东京又重新出现了啤酒吧，街头巷尾也能听到《蓝色山脉》《银座泼辣小姑娘》等流行歌谣。在动荡和贫困中，人们依然点燃了复兴国家的激情。

当时，42岁的本田想在东京制造货真价实的摩托车，但手头缺乏资金，38岁的藤泽想和有梦想的技术能人联手，把东西卖出去，二人一见如故。

与传说中的"滨松发明狂人"见面后，藤泽当场决定变卖自己的建材工厂，为本田提供启动资金。这样，初次见面的二人在短短 3 到 5 分钟的交谈后便确立了各自的角色——本田负责制造，藤泽负责筹钱。后来回忆这次邂逅时，本田和藤泽都异口同声地提到"对方拥有自己所不具备的特质"。

二人虽性格迥异，但都拥有非凡的直觉力和洞察力，尤其是"看人"的眼力。装腔作势也好，虚张声势也罢，在二人面前完全行不通。关于这点，他俩曾经的下属们也异口同声地评价道："（他们）能够立马看透你内心所想，根本骗不到（他们）。"

◎ **职责分工**

再说回二人的初次邂逅，在谈得差不多后，本田对藤泽说道："钱的事情就拜托你了。交通工具这东西，不管形态怎么变，永远都不会消亡。至于我会创造出什么，我希望在这方面不受任何掣肘，毕竟我懂技术。"

对此，藤泽说道："钱的问题就交给我吧。如果想要采购什么设备，或者实施什么项目，哪怕当下无法预测其盈利前景，我也会积极配合，尽量以最方便和顺畅的方式落实，避免短视。"

"没错！我们都不要短视。"本田说道。

"明白了。那么就是允许我入伙了？"藤泽问道。

"嗯，拜托了。"本田答道。

对这次邂逅，藤泽后来回忆道："我们'约法三章'，我不会对本田做的事指手画脚，相应地，本田也不会对我的工作指指点点。听他讲话，我时时能感受到不可估量的未来图景。如果我能为其铺好轨道，本田的梦想便能乘着轨道，一路奔向未来。"

1949 年 10 月，藤泽以常务的身份开始参与本田技研工业的经营活动。HONDA 的资本金增了一倍，增资中的 1/4 来自藤泽的个人出资。1950 年 3 月，HONDA 进军东京，在东京八重洲设立了简陋的销售部。这便是藤泽的"根据地"。

1951 年加入 HONDA 的川岛喜八郎（曾任副社长）在大学毕业后，先是在老家静冈经营一家油店。对于后来入职 HONDA 的经过，他回忆道："当时得知一家叫

'HONDA'的摩托车制造商在招业务员，我感觉挺有意思，于是去滨松面试。面试官是本田先生本人，他怎么看都像是经营小工厂作坊的普通中年男人，对我这个初次来应聘的人，他居然说什么'咱们公司不用多久就会成为世界顶尖的两轮车企'。他'吹这个大牛'的时候面不改色，但完全没有令人不快的感觉，真是个拥有奇妙魅力的人。面试完后，他对我说，既然希望跑业务，就应该去见藤泽先生。"

于是川岛前往东京，邂逅了这个"二号"个性人物。

对此，川岛回忆道："（HONDA位于东京的）销售部在一家鱼铺的旁边，而且是一间普通民房。我去拜访时，藤泽先生正拿着苍蝇拍坐在里面，因为隔壁的鱼铺招苍蝇。究竟能否把自己的将来托付给他呢？乍一看，我对他还持怀疑态度。可经过交谈，我发现这又是一个格局极大之人。他当时对我说，'本田宗一郎迟早会打造出世界一流的商品，而我的工作，便是把它们卖出去'。这让我深切感受到他对本田先生的工匠精神与技术实力的推崇。"

不管公司的外表规模如何，在这两大人物的感召下，川岛当场决定入职。

◎ 与实力不符的采购项目

"要想实现我们的创意，就必须有先进的机器设备。虽然古人说'弘法大师不挑笔'，但这句谚语如今已过时。鉴于此，我下决心采购世界一流的生产设备。如果只盯着日本国内的市场和竞争对手，便无法成为真正的'日本第一'。唯有成为世界第一，才是货真价实的'日本第一'……"在1952年秋天的公司内部报告会上，本田提出了成为"世界第一"的目标，并宣布将为此进行大胆的设备投资。

当时的HONDA已初具规模，员工总数已超200人，其中有一些应届毕业生，最重要的是有了藤泽专务这员猛将。本田虽然平时一直强调"不要先想着花钱，要先开动智慧"，但对于生产设备"这支笔"，他没法像弘法大师那样不挑剔。要想提高部件的工艺精度，就必须有性能卓越的设备。而在当时，日本的国产设备达不到这个要求。

1952年春天，HONDA收购了位于埼玉县大和町白子的一家旧工厂。这家厂原本是制造飞机零件的，被收购后，厂内留有数百台老旧机器设备。本田当时就说："用这些设备来生产，造出来的东西不会好，全部卖了算了。"

对于国外的先进生产设备，本田自然十分渴望。但横亘在他面前的难题不仅是其高昂的价格，还有当时日本政府的进口用外汇配额限制。

作为"财务管家"的藤泽十分理解本田焦躁的心情，因此他劝本田果断采购所需的设备："社长，该买就买。想要什么机器，咱们就去采购，只要您让机器买来后能立马开动运作就行。"

虽说当时的HONDA已经增资，但公司所有的资本金仅有6000万日元，而且公司也没有潜在资产。在这种情况下，要采购总额高达4.5亿日元的设备，简直就是莫大的冒险行为。即便如此，藤泽依然对本田十分的信赖。

对此，藤泽后来感慨道："本田虽然精通技术，但从不会以缺乏机器设备为由而说'做不到'。他从不唉声叹气，总是力图在既有条件下寻求突破。所以我当时就相信，HONDA 如此庞大的一笔支出绝不会付之东流。"

当时，本田在公司里提出的口号是"在成为'日本第一'前，先要当'世界第一'"，这个似乎逻辑颠倒的口号，听得员工们一愣一愣的。在晨会上，他会站在装橘子的箱子上激情"演讲"，两眼放光，口沫飞溅。一位老员工回忆道："他（本田）当时的演说，比起内容，情绪占了主导，而且掺杂着滨松方言和口音，再加上讲的内容常常省略中间段的过渡和解释，不太好懂。不过讲话时的气魄真不得了。"

大概本田后来也发现了自己的这个问题，于是先把要讲的话用磁带录音机录好（当时，磁带录音机刚问世不久，属于非常高端的东西），待开会时，他就一声不响地站在众人面前，旁边用录音机播放自己的讲话录音。这也算是一道较为奇葩的风景。

关于设备采购项目，河岛喜好后来评价道："该（项目）体现了本田和藤泽作为企业经营者的先见之明。当时，通货紧缩造成的不景气已然过去，我们的

'梦想'E型摩托车也销路不错，这使得HONDA安然渡过了一时的危机。但照此下去，公司很难发展壮大。再加上我们当时多数部件的供应商仍在沿用战前的老旧生产设备，这也使得我们根本无法成为'世界的HON-DA'。鉴于此，他俩决定让HONDA拥有自己的零部件生产工厂，因此需要购买一大批最先进的生产设备，于是向政府提出了4.5亿日元的外汇配额申请。"

1952年11月，为了采购生产设备，本田前往美国考察，还参观了美国车企的大规模生产工厂。那趟考察，本田带回了大量生产设备的产品目录，据说现在还有不少堆在本田家里。

"我一和（老外）说要买机器设备，他们就高兴得不得了，对我说'sekihann''sekihann'（日语"红小豆饭"的发音。按照日本旧时习俗，如果有喜庆之事，就会煮红小豆饭。——译者注），我以为要煮红小豆饭庆贺呢，结果是'shake hand'（握手）。"这便是本田给员工们带回来的美国之行趣闻。在本田前往美国考察时，当时还只有20几岁的河岛则前往欧洲，负责在德国和瑞士采购生产设备。

◎ 依靠 DM 建立销售网络

当藤泽开始参与 HONDA 的经营时，日本的两轮车制造商已然鱼龙混杂，且数量众多，因此当务之急是开拓销售网络。当时，HONDA 的产品主要依靠顺搭委托代售模式进行销售，即把车放在先进场的竞争者们的经销店内销售，收货款时也只能迁就对方的时间。

就在藤泽为销售渠道左思右想、无计可施时，本田拿出了一项发明——搭载引擎的"小狼 F 型"自行车。

当时，装引擎的自行车已经出现，俗称"巴塔巴塔"，车重 14 公斤左右。本田研发出的这款"小狼 F 型"自行车只有 7 公斤重。就像他在"我的履历书"中自夸的那样，其"白色油箱+红色引擎"的设计可谓新颖，且该车轻量小型，是藤泽期盼已久的大众类商品。

东西造出来后，接下来就该藤泽出马了。1952 年 3 月，"小狼 F 型"的试制车打造完成，计划在同年 6 月正式发售。这中间的三个月，藤泽便如历史上被信长和秀吉誉为"你办事我放心"的竹中半兵卫一般，在本田的全权委托下，想出了"无中生有"的奇策。

藤泽把注意力放在了遍布日本全国各地的自行车店。当时，日本全国的摩托车销售店仅 300 家左右，其中销售 HONDA 产品的更是仅有 20 家左右。与之相对，日本全国的自行车店多达 55000 家。虽然每家的店面极小，但加在一起，便是一张庞大的销售网。而藤泽在当时便有了这种"销售网战略"的理念。

如何与这些自行车店取得联系呢？为此，藤泽想出了直接邮寄广告的战术，还自己思考文案。

他在第一封广告中写道："日俄战争后，您的祖先极有魄力地开拓了销售进口自行车的事业，这便是您今日业务的基础。但消费者如今追求的是有引擎的自行车，而这样的产品，我们 HONDA 已为您打造完毕。欢迎有意者回函。"

该广告寄出后，超过 30000 家自行车店回函表示"感兴趣"。

于是，藤泽立马又写了第二封广告："感谢您的回函和意向，我们会按照申请的先后顺序，向您寄出一辆样车。该车的建议零售价为 25000 日元，给您的批发价为 19000 日元。您可通过邮政汇款，也可打款至我们在三菱银行京桥支行的账户。"

与此同时，藤泽还委托三菱银行京桥支行以支行行长的名义，向有意向的自行车店寄去"欢迎向 HONDA 在我行的账户汇款"的告知信。此举有效地打消了各自行车店对 HONDA 的信用顾虑。由于要寄的信数量太多，藤泽不得不动员 HONDA 员工都来帮忙写收信人的姓名和地址，结果依然来不及，最后连三菱银行京桥支行的员工都来帮忙了。

对此，川岛后来回忆道："（这么做的）反响太大了。第二封广告寄出后，5000 家左右的自行车店立马提交了购买样车的申请，且后来申请的店越来越多。在摩托车行业，以赊销为主的委托销售模式是主流，可藤泽先生却另辟蹊径，颠覆了这一主流，让经销商先付钱，并且取得了成功。"鉴于此，川岛评价藤泽是个胆大心细，敢于赌博的人物。

通过邮寄广告的战术，"小狼"车型的销售网覆盖了日本全国大约 15000 家自行车店，实现了在日本的普及。

战争期间，日本的制造业习惯依赖军方的订单，但藤泽早就预见到，将来是大众消费的时代，制造业必须顺应大众需求，以预估方式的大规模量产为主流，否则企业便难以成长。而"小狼"车型的诞生，便是藤泽眼中的契机，他借此开拓了 HONDA 的销售网络，从而巩固了 HONDA 日后飞跃发展的基础。

◎ 经营危机

1954 年，本田宣布参加曼岛 TT 赛，但在慷慨豪迈的宣言背后，HONDA 却面临创立以来最大的经营危机。

让 HONDA 巧妙地化险为夷的，正是藤泽。

1953 年 7 月，朝鲜战争结束，"战时特需"给日本制造业带来的大量订单戛然而止，经济形势从那年秋天开始急转直下。到了第二年初，日本经济陷入萧条，史称"1954 年萧条"。当时，不仅是中小企业受到波及，就连尼崎制钢、日平产业之类的知名大企业都难逃破产命运。但从长远来看，这场产业界的优胜劣汰为日本日后的经济高速成长起到了开道铺路的作用。能否在那场淘汰中存活，将决定企业今后的前途。

HONDA 当时的境遇截然不同。1954 年 1 月，HONDA 进入日本店头证券公司交易，同年 2 月的财务期决算显示，其销售额增至前一年的 3 倍，再加上之前 HONDA 以 6000 万日元资本金采购价值 4.5 亿日元设备的惊人之举，HONDA 一时成为社会热议话题。因此，当本田在 1954 年 3 月 20 日公开宣布参加曼岛 TT 赛时，一切看起来都顺风顺水。

本田当时发出豪言壮语："从幼时起，我就有一个梦想，那就是用自己造的汽车，在世界级汽车赛事中称霸……如今，我们已然确立了让我拥有绝对自信的生产体制，可谓时机已到，我在此宣布，HONDA 决定参加明年的 TT 赛……我们必须验证日本机械工业的价值，并将其提升至足以向世界夸耀的水准。'启蒙日本产业'便是我们本田技研工业的使命。在此，我正式宣布这一决定，并与诸位一同起誓，为了参加 TT 赛并夺冠，我们一定会全力以赴、发挥创意、不懈努力！这便是我的宣言。"

虽然在市售产品领域尚无法与全球车厂竞争，但在赛车领域，HONDA 或许能与之一战。上述洋溢着挑战精神和热情的宣言，由充分了解本田想法的藤泽写就。

可就在宣言发表后没多久，HONDA 就陷入了未曾有过的经营困境。

首先是其新发售的轻骑"朱诺"销量低迷。该车的引擎由塑料件包裹，视觉设计的确清爽，但导致了引擎过热的问题。

其次，之前一直作为 HONDA"摇钱树"级畅销车型的"小狼 F"的销售势头也辉煌不再。由于竞争厂商们后来居上，推出了将引擎置于自行车三角车架的新设计竞品，"小狼 F"顿时失去了不少人气。

此外，作为 HONDA 主力产品的"梦想号"系列摩托车在提高排气量后，出现了不明原因的引擎问题，导致投诉不断。换言之，HONDA 在市场上的所有主要产品都在同一时期出现了问题。

为了弄清"梦想号"车型的引擎问题，本田不得不取消 4 月去欧洲的计划，不眠不休地投入研究。当时，"梦想号"摩托车堆满了出货仓库，它们中有的是叫停出货的库存，有的是来自用户和经销商的退货。

当时在 HONDA 埼玉工厂从事装配作业的新员工堀

越升回忆："有一天，上司叫我们全员集合。到了会场，本田先生和藤泽先生已经站在大家面前了。老爹的白色工作服有些脏污，且皱皱巴巴的，眼睛也因为充血而通红。在藤泽先生说明了紧急事态后，就轮到老爹发言了。他不像平日那样风趣地开玩笑，也没有说'目标放眼全球'之类的豪言壮语，只是解释了'梦想号'车型出现引擎问题的原因：汽化器的设计和安装位置存在缺陷，使燃油供给中断，最终导致车熄火。至于解决对策，他说'终于有了眉目'。他还向我们这些员工道歉，说对不起我们，给我们添麻烦了。当时，我心里感到一阵酸楚。"

在不眠不休的努力之下，本田最终解决了技术方面的问题，接下来就轮到藤泽出场了。

"社长，您去欧洲吧。"

"（我不在）真的没问题？"

"您不在的话，我反而更容易展开工作。您就放心去欧洲考察吧，这里交给我了。"

在推迟两个月后（6月），藤泽终于让本田实现了旨在考察TT赛的欧洲之行。

◎ 豪赌

技术的问题解决后，HONDA 面临的燃眉之急是资金周转。库存堆积，待付款日益增加，导致 HONDA 的资金周转状况急速恶化。

当时，HONDA 自有的生产设备并不完善，其造车的零部件几乎都是从供应商处采购，然后再自行装配成整车。对于当时的这种状况，河岛喜好回忆道："厂里连一个齿轮都造不出来，有的只是装配流水线和涂装流水线。就连焊接都是外包的。"

因此自不必说，一堆零部件供应商等着收款。在如此紧迫的局势下，藤泽决定豪赌一把。1954 年 5 月 26 日，藤泽把各供应商负责人请到 HONDA，请求他们暂时不要催要一部分应付款。当时，藤泽先是毫不掩饰地向他们说明了 HONDA 当下的窘况，然后向他们恳求道："我司目前无法像之前那样按时全额地支付货款。鉴于此，包括接下来要采购的和已经采购的零部件在内，我希望各位能接受先支付 30%，剩下的日后支付的方式，我司不开具相应的支票。恳求各位予以理解，接受我们的请求。"

对于当时的情形和心境，藤泽后来回忆道："对于暂时不付的货款，如果当时给供应商开具支票，那对HONDA来说太危险。当然，如果供应商们不买账，HONDA就得不到零部件，最终也只能停产。我当时嘴上求着他们，却胆战心惊。当他们答应了我的恳求时，我总算松了一口气，感觉人都要瘫倒了。"

假如藤泽当时轻易答应开具支票，HONDA就可能由于支票被银行拒付而破产。面对藤泽的恳求，除了两三家供应商表示不再合作，绝大部分供应商都接受了他先以现金形式支付部分金额的提案。

另外，藤泽又向HONDA的企业开户行三菱银行寻求支援，并第一次获得了融资。通过此举，不仅缓解了HONDA当时的资金周转困难，同时也让藤泽认识到通过借款巩固与开户行之间的合作的必要性。

对此，藤泽后来回忆道："（当时）面对银行，我毫不掩饰地和盘托出HONDA面临的所有负面问题。因为我觉得，只有让银行全面了解情况，他们才能做出正确判断。"当时三菱银行京桥支行的行长也非常帮忙，他拼命向上级解释 HONDA 的现状和未来的计划，对 HONDA 提供了全面支持。

在藤泽为资金问题马不停蹄地奔波时，本田已经抵达英国曼岛，开始实地考察 TT 赛。在这里，他首次见识到意大利和德国等车厂的 GP 竞速摩托的威容；比赛开始后，摩托飞驰的速度更是令他极度震惊。在出发前，本田宣称"我们 HONDA 将来要参加 250cc 级别的比赛，我们的竞速摩托要达到平均每升排量 5 马力的动力水准"。250cc 就是 25 马力。可那一年夺冠的摩托，其动力已接近 150 马力。世界顶尖水平的高度，远远超乎了本田的想象。

本田在寄给藤泽的信中写道："6 月 14 日，我首次观赛，实在太震撼了。让我学到了许多，同时也让我有了信心，这令我欣喜。你打理公司的事情想必十分辛苦，拜托继续努力。"

由此可见，即便大受冲击，本田也一如既往不服输。之后，他考察了英国、法国、德国、意大利的摩托车厂商，还买了一大堆相关部件，连拿带背地飞回了羽田国际机场。当时已是 7 月末。

前来接机的藤泽的笑容，向本田表明 HONDA 的资金周转已经熬过了最困难的时期。

但困境并未完全过去，直到当年 10 月，HONDA 依然处于走钢丝般的经营不振状态。可就是在这样的情况下，本田依然成立了"TT 赛项目推进总部"，并命令河岛研发参赛用的引擎。

"咱们真的要参赛?"河岛半信半疑地问道。

"对，一定要。再这么磨磨蹭蹭地拖下去，就会被西方车厂越甩越远。你看咱们公司，现在大家都很辛苦，可越是这个时候，就越要有梦想。明日盛开之花，必须趁现在播种。"本田铿锵有力地说道。

◎ 团体交涉

继物资和金钱之后，下一个考验 HONDA 的因素则是人。

虽说当时 HONDA 已然度过了最危急的时刻，但劳动纠纷依然在公司内持续不断。在那个年代，许多日企都被劳务问题所累，为此消耗了大量精力。当时还是新兴企业的 HONDA，也在前一年成立了工会。

1954 年末，工会要求企业给每名员工发放 25000 日元的年终奖，藤泽则提出"每人一律 5000 日元"。此话一出，立刻遭到了工会执行部的强烈反对，执行部还提出了团体交涉的诉求。对此，藤泽提出的条件是，交涉不在执行部进行，而在 HONDA 的主力工厂——埼玉工厂进行，并要当着工厂全体员工的面。工会最终同意了该条件。

对于此举，藤泽日后解释道："（当时）之所以提出该条件，是为了在全体员工面前直接阐述我的想法。这样面对面的信息传达，也能避免执行部以后担责。"藤泽之所以提出如此低的奖金额，其实是为了照顾供应商，而直接交涉则是为了避免工会分裂，进而避免外部组织的介入。

交涉时，藤泽只身来到埼玉工厂。腊月的寒风中，他站在 1800 名工会成员面前，接受执行委员长的质问。

"对于 5000 日元年终奖这个数目，你自己怎么看？"执行委员长问道。

"少得离谱。可就算这次多给大家点儿年终奖，等到之后公司倒闭时，大家肯定还会来质问我'为什么之前不努力一把''为什么之前不勒紧裤腰带',而我作为企业经营负责人,也的确难辞其咎。既然如此,不如大家先咬咬牙,反正明年3月又是销售旺季,到时候咱们再来谈加钱也不迟。"

藤泽如此回应后,有人率先鼓起了掌,且掌声逐渐响彻整个会场。

"本次团体交涉到此结束。"委员长说道。

◎ 摆脱危机

本田1955年参加曼岛TT赛的宣言,最终还是没能实现。

直到1959年6月,HONDA的竞速摩托才飞驰在这个国际赛事舞台上。当时,HONDA的竞速摩托在125cc级别比赛中获得了第6名;而在两年后的1961年,HONDA就包揽了125cc和250cc这两个级别的第1至第5名。虽然距离本田的宣言已过去7年,但他的梦想最终完美实现。

1954年,可谓HONDA创立以来的危机之年,而日本摩托车行业的大环境也类似。那一年,许多鱼龙混杂的两轮车制造商都相继倒闭。而藤泽这位"军师"则通过最大限度地支持本田宗一郎不断逐梦，最终使HONDA摆脱了危机。

首先，藤泽把本田充满豪气的"宣言"作为卖点，说服零部件供应商和产品经销商"为HONDA的将来投资"。其次，本田作为社长，在HONDA生死存亡的关头居然前往欧洲考察的举动，大大消除了企业开户行的不安。还有，本田坚持挑战赛事的进取精神也鼓舞了广大员工，激发了他们的忠诚心和进取心，让他们团结一致谋求企业发展。

除了上述"动之以情"的手段，藤泽在实务方面亦开展了踏实且理性的改革。比如为了引入现代化企业的薪金体系而向劳动人事部的官员请教，又比如优化改良生产管理体系，等等。

总之，HONDA虽说在1954年初就已上市，但当时其企业内部仍然存在学徒制度文化的残余，仍未从街头巷尾的小工厂作坊中完全转型和蜕变。而1954年的危机考验，则是促成其蜕变为现代化大企业的一大转折点。之所以能实现这一切，靠的是HONDA的另一位创

始人——藤泽武夫的才智。否极泰来，1955年初，虽
然经济仍旧低迷，但到了那年秋天，日本经济急速复
苏。这便是史称"神武景气"的开端。当时，丰田皇
冠车型问世；东京通信工业（后来的SONY）推出了首
款半导体收音机，并引爆社会话题……技术革新不断创
造投资的良性循环启动，日本的高度经济成长期拉开了
序幕。

◎ 在茶室描绘蓝图

在度过1954年的危机之后，藤泽在离HONDA总部
不远处的银座越后屋大厦租了一间房，并将房间墙壁涂
成纯黑色，整日待在那里。与此同时，本田为了研发参
加曼岛TT赛用的引擎，整日泡在埼玉县的白子工厂。
换言之，HONDA的这两大创始人都不再频繁出入八重
洲的总部，公司迈入了名副其实的分工管理体制。从那
之后，二人见面甚少，直至引退也就每年在餐馆碰几次
头。可谓贯彻了彼此"无怨无悔我走我路"的风格。

当时，"窝在"银座办公室的藤泽每日思索一个重
要问题是：从小工厂作坊起步而发展至今的HONDA，

如何成为真正意义上的大企业。为此，他找来了当时被视为"明星榜样企业"的有价证券报告书，包括东洋人造丝（如今的东立化工公司）、同行业的丰田和日产，以及日立和松下等。有别于学者和分析师，他是以实务家的视角来分析这些企业的经营状况和模式。

研读资料累了，他便在银座散散步，然后再回到办公室阅读丘吉尔和戴高乐等人的战争回忆录。这两位历史人物直面难局的态度和方式，非常值得企业经营者学习。至于这种类似"闭关"的手段和效果，则源自当时三菱银行副行长川原福三（后来曾任HONDA的法定审计师）给藤泽的建议。

川原对藤泽说："你应该弄个茶室，里面电话也别装，尝试一下与外部彻底隔绝的生活。我尊敬的好几位三菱元老以前都曾这么做，他们最终为三菱集团做出了巨大贡献。"

藤泽当时回应道："我不会茶道，也不想学。"不过，他后来还是在与总部"保持适当距离"的地方有了个个人空间，是适合闭关冥想的"茶室"。

据藤泽后来回忆，"不去公司上班"这一行为起初给他以"奇怪的感觉",但过了一段时间后,这种暂时抽离其中、置身事外的做法,反而在审视企业组织方面效果颇大。数年后,藤泽在位于东京六本木的新居中开辟了一处茶室。

除了刚才提到的名人战争回忆录,藤泽还爱看知名记者清泽洌所著的《日本外交史》以及史学家平泉澄所著的《万物流转之法则》等书。有意思的是,清泽是反战自由主义者,而平泉信奉"皇国史观",二者可谓奇异的组合。但藤泽看这些书时,其实是在提取其中对企业经营有益的启示性内容,从而为我所用。

◎ 企业即艺术

当时,藤泽常常挂在嘴上的一句话是"企业即艺术"。换言之,他将企业组织和企业经营比喻为艺术。他坚信,自由阔达的精神和感性敏锐的创造性,乃是活力的源泉。

对此,藤泽在他所著的《执手火炬》一书中写道:"(当时)社会上有浅薄的谣传,说什么'本田和藤泽关系不好'。可在我看来,公司高层并无必要整日出双入对。假如两人一年365天一直形影不离，只能说明彼此没有完全做到心意相通。反之，只要相互存在维系，即便表面上各自分开行动，也没有问题。我爱好音乐，所以接下来以音乐作比喻。直到19世纪，交响乐的形式一直较为固定，即以'此处为第1号小提琴''此处为第2号小提琴''此处为大提琴'的固定分组编排方式，打造出井然有序的交响乐作品。可后来，以巴托克为代表的音乐家却另辟蹊径，拆散和打碎了这种固定编排。从表面上看，这似乎使乐团内的各位演奏家彼此远隔、各自为政，但整体上却营造出了一个精彩绝妙的音乐世界。"

此外，藤泽还在该书中写道："我认为，现代化企业的经营者，应该像20世纪后半叶的音乐一般。作为公司高层，应该摒弃'必须与团队或组织共同行动'的传统思想。反之，应该聚焦自己的领域，敢于果断地独自采取行动。如果公司的数名高层都能像这样各司其职、发挥所长，则这种各自的行动积累最终便能形成一股向着目标的合力，从而营造出积极的、良性的企业经管环境。"

藤泽对打高尔夫球和开车兜风之类的户外活动并无兴趣。虽然他也有驾照，但对他而言，开车只是单纯的代步。

而对于艺术，他却如数家珍。尤其在音乐方面，不管是西洋音乐还是日本传统音乐，他都造诣颇深。他甚至还是被授予艺名的日本三味线常磐津节流派弟子；不仅如此，作为瓦格纳的铁杆乐迷，他还曾亲自去位于德国拜罗伊特的瓦格纳的坟墓前祭拜。此外，他十分钟爱顶级的美术、工艺和珠宝首饰。通过不断接触这些一流真品，他努力磨砺着自己的感性，进而运用在企业经营这种富有创造性的工作中。

在这样的思索过程中，藤泽创造出了独特的企业经营机制，如"专职制度""将研究所独立出去""用于集体思考的干部办公室"等。这些机制，为 HONDA 日后的腾飞奠定了基础。

◎ **爆款量产车型提案**

本田和藤泽虽各自"我行我素"，似乎并无交集，但二人的目标其实相同。而曾风靡一时的"超级小狼"，便是巧妙结合二人迥然不同的个性而诞生的产品。

该爆款车型当时使 HONDA 一跃成为世界首屈一指的摩托车制造商，正可谓本田的技术理念和经历沉淀的集大成之作。

至于该车型的诞生过程，则要从 1956 年说起。那年末到第二年新春，本田和藤泽一同前往德国和意大利进行考察。在从日本出发的飞机上，藤泽向坐在身旁的本田试探道："社长，（咱们）怎么也得推出排气量 50cc 的大众车型。像小狼那种在自行车上装个引擎的助力车已经行不通了。您能不能设计出一款像摩托车那种覆盖式车身的车型？"

当时，作为引擎助力自行车的替代品，一种附有脚镫子的小型摩托车（人称"Moped"）已然在日本出现。对 HONDA 而言，要想在如此变化的市场中站稳脚跟，就必须推出以大众为目标人群的"万金油"类产品，然后以预估生产的方式构建大规模量产的机制。为此，藤泽心心念念想要一款能为 HONDA 打好底子的产品。

"说什么呢……50cc 这种小排气量的摩托车哪能做啊？"本田如此回应道。

因为本田当时的心思全在顶级竞速摩托车引擎那里，他追求的一直是高速和大马力。

到达欧洲后，他们又乘坐环游南欧的火车，由于火车是逢站必停的慢车，因此车程长达 72 小时。其间，只要本田一有空，藤泽就开始和他唠叨 50cc 摩托车的事。本田是个嫌烦的人，可藤泽就是故意缠着他不放。

藤泽不停对本田说："没有这个（小排量摩托车）是不行的，如果造不出来，本田技研工业将来的发展空间就很有限了。"

在德国，他俩到处参观摩托车。或许是藤泽的碎碎念奏了效，只要看到与藤泽口中的小型摩托类似的车，本田就会问藤泽："这种如何？"

"不行。"

"那这种呢？"

"这种没意思，造出来也不好销。"

"这也不行那也不行，你说的车型根本不存在嘛。"

"就是因为不存在，所以才求您造出来呀。"

此番激将法，果然点燃了本田天生的技术热情和创意斗志。待回国时，本田脑中已有了大致的设计构思。

之后，HONDA 内部召开了干部会议。其间，二人做出了研发新产品的指示。

◎ 集大成之作

本田的"技术哲学"包含两点，一是对高转速引擎的彻底追求，二是有别于他家的独创设计。可谓贯彻了速度与美学这两大要素。

在研发"超级小狼"的那段时间里，每天早上一到研究所，本田首先会冲到设计室，大声对里面的员工们说："喂！我昨晚想出了这个方案！"于是员工们聚过来一起听他讲。只见他嘴角冒泡，滔滔不绝，越讲越兴奋，最后嫌口头说明太麻烦，干脆坐在地上用粉笔画起构想草图。在画的过程中，他的手速跟不上思维的速度，于是用手把图擦了又画，画了又擦，宛如街头艺术家。

等到员工开始正式画设计图时，在其身后看着的本田会冷不防地来一句"这里不对"，然后用铅笔在好不容易画得很精密的图纸上粗暴地画线标注，弄得设计队伍战战兢兢。但是，员工们也很佩服本田："（本田）他看图纸的时候不仅速度快得吓人，而且观察敏锐，能够一眼发现设计图的问题所在。"本田留下的语录中有两句是"创意功夫源于迫不得已""常识是为了被打破而存在的"。由上述可见,他本人的确是这两句话的践行者。

"(我们要打造的)既非摩托,也非轻骑。"在本田如此独特的设计理念之下,仅设计就耗费了八个月。而先前在"朱诺"轻骑车型中所犯的塑料件设计缺陷错误,也为设计"超级小狼"提供了经验教训。

实车模型一完成,本田就把藤泽叫到研究所,滔滔不绝地讲解该车独有的优点,一直讲了将近15分钟。

讲完后,本田问藤泽:"专务,怎么样?你看这车能卖出多少辆?"

"嗯,(这车)有搞头,绝对有销路。我想三万辆左右应该可以。"藤泽答道。

在场的研究所员工插嘴道:"您是说年销量三万辆?"

"说什么傻话呢!?当然是月销三万辆!"藤泽纠正道。

听到这句话时,本田都瞠目结舌。

在那个年代，HONDA 的两轮车的月销量是六七千辆，而纵观当时整个日本的摩托车月度总销量，最多也只是在 4 万辆左右徘徊。听到藤泽预测单一车型的月销量可达到 3 万辆，难怪大家都会感到惊愕了。

在着手研发的起始阶段，藤泽曾对本田说："造出的车子要让睡在旁边的家伙都同意买。"言外之意，这款车型必须博得妇女好感，让她们同意自己的丈夫下单。

藤泽还认为，普通的摩托车引擎外露，设计粗犷张扬，因此在女性眼中属于令人害怕的交通工具。鉴于此，他建议本田"打造一款看不到内脏（引擎等部件）的车"。

当时恰逢被称为"三种神器"的洗衣机、吸尘器、电冰箱在日本家庭中普及，主妇执掌消费主导权的时代已然来临。纵观摩托车消费市场，让女性能像操作家电般轻松驾驭的产品自然有巨大的需求潜力。在"超级小狼"的实车模型中，其前叶子板和电瓶盒皆为聚乙烯材质，使得车身整体呈外扩的曲面线条，十分时髦。这也与藤泽心中的理想设计完全相符。

话虽如此，"月销 3 万辆"的豪言也并非源于藤泽的胸有成竹，而是故意对研发和生产环节施加的压力：

"为了卖出去这么多辆，（我们）销售部已经做好了足够的心理准备，下定了坚定的决心，所以你们必须打造出够优秀的产品。"

对此，当时负责销售的川岛喜八郎回忆道："藤泽先生的厉害之处在于，早在超级小狼研发伊始，他就已经提前告知本田先生该车型与市场情况相符的理想售价。而本田先生也以此为准绳，指导研发团队。可本田先生出于工匠的良心，对于无法妥协的细节不断修改，从而导致成本逐渐增加。而藤泽先生却对此采取无视态度：不管成本是多少，既然该产品的合理售价是这个数字，那定价就是这个数字。于是，超级小狼的售价就这么敲定了，5.5 万日元。当时真是吓我一跳。倘若月销量无法突破万辆，那公司可就亏惨了。但如果能实现月销三万辆的目标，成本就能拉平。定好售价后，藤泽先生要求本田先生务必以此为基准，而本田先生也是个狠人，他对此答道：'没问题，我会做到的。'"

从着手研发直至完成，总共花了一年零八个月，这在 HONDA 属于罕见的超长研发周期。终于，"超级小狼"在 1958 年夏天发售了。

◎ 开拓市场

在销售方面，藤泽又采用了直接邮寄广告战术。全国各地的摩托车和自行车销售门店自不必说，就连原本与摩托车风马牛不相及的木材店、干货店，乃至栽培香菇等食用菌的业者等，都成了藤泽试图"拉拢"的对象。因为卖摩托车这个行当少不了售后服务，所以藤泽旨在让"扎根当地"的人成为销售伙伴。以此为契机，HONDA 对销售网络重新进行了编排。

从收到的 3500 封意向信中，藤泽选出了大约 600家，加上既有的加盟销售点，HONDA 在日本全国拥有了规模为 1500 家店的销售网络。而藤泽试图以该网络为支撑，实现月销三万辆的目标。

广告宣传是藤泽的拿手好戏，对于即将发售的产品，他会一点点地披露其外观等细节，也就是如今所谓的预热。此外，他还会买下报纸的整整一个版面来登广告……总之，藤泽的宣传活动既有奇思妙想，又十分大胆。

对此，川岛回忆道："但凡涉及广告宣传，便是我们这些周围的人不得插嘴的禁地。藤泽先生会全责全揽，旁人不可多言。"

当时，藤泽经常与公司外的年轻人聚在一起，他们之中有设计师、音乐家、证券分析师……可谓人才济济。而藤泽则一边与他们喝酒，一边从他们那里获取信息和灵感。一些 HONDA 产品的知名广告词便由此诞生，"老妈，荞麦面可筋道了"便是其中典型。该广告词配着一张照片，照片上是一名荞麦面店的小伙计，他站在店门前，一手举着外送的荞麦面，一手撑在"超级小狼"的把手上。

登载"老妈，荞麦面可筋道了"这则知名广告的杂志页面。资料提供方为（株）东京 GRAPHIC DESIGNERS。

在该车型的研发阶段，本田就曾说"要打造一辆让送荞麦面的小伙计能够单手骑行的车"，且他最终给出了解决方案——不用手动操作离合器的半自动结构。

藤泽后来也说，"社长说'超级小狼'适合荞麦面店送外卖用，我觉得这个主题可以利用"，于是便有了该广告。效果十分显著。购买该车型的荞麦面店急增，而在路上撞见骑"超级小狼"的外卖小哥的概率也越来越高。

该车型的产量自然也直线上升。1960年，其生产据点转移至新建的铃鹿工厂时，月产量已增至2.5万辆。由藤泽提案、由全盛期的本田倾注工匠才能打造而成的这一杰作——"超级小狼"成为HONDA的经典长销车型，且未经历大改款。直至今日，它依然在全球13个国家和地区生产，在160个国家和地区销售。截至2005年12月末，其历史累计销量已突破5000万辆。

◎ 研究所独立

1960年7月，本田技术研究所正式从HONDA独立出去，成为一家新公司，并举办了成立仪式。

这家新公司 50% 的股份属于本田技研工业，剩下 50% 则由本田和藤泽对半分。新公司的社长是本田，副社长是藤泽。

在成立仪式的领导致辞环节，本田说道："在当今竞争如此激烈的环境下，若我们没有独创性，便无法与全球的一众车厂分庭抗礼。从很久以前起，我们国家就是个靠创意发展的国家……"此番讲话，体现了他放眼世界舞台，直面技术竞争的决心。

纵观各大车厂，将自家研发部门以公司的形态独立出去的，直至今日，依然唯有 HONDA。该构想其实也来自藤泽，他不仅如此提案，而且以近乎硬来的方式促成了此事。

"HONDA 能有今日，靠的是本田宗一郎的优秀图纸（技术），但公司发展不能总是依赖一个天才的能力。为此，公司必须有一支技术队伍，并确立能不断提高这支队伍整体能力的机制。"当时，每当看到本田奋斗辛劳的身影，藤泽就会这么想。毕竟，HONDA 的业务体量早已超越了本田个人能够执掌帷幄的限度。可纵观那时的实际情况，只要一想到 HONDA 失去本田后研发实力剩几成的问题，藤泽就不寒而栗。

作为改革的第一步，藤泽引入了专职制度，旨在消除技术人员在晋升方面的不利因素。改革的第二步，便是 1957 年启动的"研究所分离、独立推进计划"。

HONDA 总公司属于金字塔形组织，因而无法为技术人员营造心无旁骛、埋头研发的环境。鉴于此，藤泽认为唯有将研究所独立出去。

对此，藤泽在他所著的《执手火炬》一书中写道："我年轻时看的夏目漱石名作《三四郎》中有这么一段内容，说的是在日俄战争爆发时，日本举国骚动不安，可那时在大学的地下室，依然有学者在专心致志地打磨玻璃。该内容在我脑中留下了烙印，40 多年依然挥之不去。我认为，人们对企业的期望之一，便是为这种'沉下心打磨玻璃的人'提供一个能专注于自己工作的环境。唯有如此，企业才能拥有厚重的技术积淀，从而打造出维系企业生存的核心产品。"

本田技术研究所成立后，为了进一步增强其独立属性，藤泽计划将他与本田持有的本田技术研究所的股份移交至财团，甚至连财团的名字他都想好了——"创成会"。可在提出在美国发行相关预托证券的申请阶段，由于美方认购公司有疑义，最终导致整个计划化为泡影。这件事后来在《HONDA 50 年史》一书中披露。而藤泽这未能完成的"梦幻构想"，也恰恰体现了其对研究所、对技术开发的无比期待，是一段引人兴味的逸话。

1961 年，研究所新址在埼玉县大和町（和光市）落成。在落成简介中，作为技术研究所社长的本田，留下了这样的寄语："思想是企业发展的原动力。因此即便是研究所，比起技术，更应重视工作于其中的人的思想。我认为，真正的技术乃是哲学的结晶，即在放眼世界、目光长远的基础上，尊重理论、创意和时间，进而打造出世界各地消费者喜爱的产品。在我看来，这才是研发的真正意义。"

该时期，藤泽大力推进研究所的分离、独立计划。他这种旨在充实 HONDA 技术的"政策倾斜"，令本田这个技术出身的人都感到不知所措。与之相对，本田当时却主张"比起技术，思想更重要"，等于在强调理念的重要性。这真可谓奇妙的角色转换和组合，虽然二人的立场和观点不同，但都高瞻远瞩、放眼全球。

◎ 挑战全球市场

当本田和藤泽前往欧洲考察时，作为销售部门科长的川岛喜八郎去了东南亚，调研当地市场情况。第二年（1957年），他又去美国调研。当时，映入川岛眼帘的美国是名副其实的"四个轮子上的国家"。对美国广大市民而言，汽车简直就是"木屐"一般普通的移动工具，是生活必需品。与之相对，骑摩托车的人被称为"黑夹克"（Black Jacket），在旁人眼中，他们是一群穿着皮夹克的"混混"。而纵观美国当时的摩托车年销量，总共也才6万辆左右。此外，大多数摩托车销售门店环境昏暗，地面还有油污，真可谓暗、乱、脏。

"摩托车在美国实在没前途！"通过亲身调研，得出该结论的川岛提议道："作为进军海外的第一步，比起美国，我觉得东南亚市场更易开拓。"

但藤泽坚持认为，只有美国才是实现HONDA梦想的"主战场"。

最后，藤泽拍板道："美国是资本主义的代表，是世界经济的中心。如果能在那里获得成功，我们的影响力便能传遍世界。反之，如果产品无法在美国取得成功，便称不上'国际化产品'。所以说，还是应该先进军美国市场。"

关于出口，有的干部建议委托商社（贸易公司），而藤泽主张在美国当地设立 HONDA 直营的销售公司，从而开拓自己的销售网络。

当时，热销车型"超级小狼"使 HONDA 拥有了拿得出手的出口产品。再加上该车型成本较高、售价较低，必须靠走量来赢利，因此出口可谓"刚需"。在那个时代，日本外汇储备仍然不足，所以政府对于大额换汇有限制。HONDA 之前进口大量生产设备时花了不少外汇，这给通产省落下了话柄，其官员讥讽道："HONDA 从外国买机器最积极，但一点儿都没给国家出口创汇。"因此，等到 HONDA 为了在美国设立现地法人机构而向大藏省申请购汇 100 万美元并汇往美国时，马上遭到了驳回。大藏省认为，日本的几家大牌汽车制造商在美国市场都陷入了苦战，区区摩托车制造商，怎么可能成功。

对此，藤泽恳求道："众议院先生，我以前没有求过您，以后也不会，就现在求您这一回。您这次助我们HONDA一臂之力，等于是在造福日本，所以请让我们再用一次外汇……"最终，大藏省批准了藤泽的请求。

1958年5月，藤泽对川岛说："我决定让你去美国，你是我唯一的王牌。"对此，当时还只有39岁的川岛有点错愕和犹豫："我负责这么重要的工作没问题？真是接了个责任重大的差事"。话虽如此，他还是以美国HONDA经理的身份去了美国，在洛杉矶找了个地方当办事处。从1959年9月起，美国HONDA便开张营业了。

◎ 抢占美国市场

"超级小狼"在美国人气颇高。其车前盖和宽幅踏板的设计，保证了女性在骑行时裙子不容易被掀起。这种不像传统摩托车的车型，一改美国人之前对摩托车暗、乱、脏的固有印象。

"超级小狼"当时在美国的售价为250美元，对当时的美国大学生而言，只要积攒下零花钱，或者办个分期，便能买下。这使得越来越多的大学生将它作为校园内的代步工具。到了 1961 年，"超级小狼"突破了其在美国市场的销售目标——月售千辆。当时，美国HONDA 在 *Life* 等画报杂志上刊登广告，不断向美国大众宣传其产品理念，"摩托车外形时尚、价格适中的大众商品"。这使得"超级小狼"一度成为美国人选择送人的人气生日礼物之一。1964 年，在奥斯卡金像奖的颁奖典礼上，HONDA 成为首个外国品牌广告赞助商，其电视广告在全美播放。凭借这种产品形象战术，HONDA 最终扭转了美国社会对摩托车根深蒂固的偏见，并使"HONDA"这个摩托车品牌在美国市场站稳了脚跟，为其成为世界级企业跨出了坚实的一步。

至于藤泽"征服全球市场，须自美国始"的思想战略，则要等到 1978 年才真正开花结果。那一年，HONDA 正式启动了在美国当地的生产基地。

实现这一计划的，是继任本田社长一职的河岛喜好。1972 年，HONDA 发售的"思域"在日本国内和海外市场的销售势头都十分喜人。鉴于此，增设铃鹿工厂相关生产线的计划被提上议程。可河岛对此持不同意见："与其在国内增加产能，不如去美国抢占先机，目前还没有日本车企在美国建厂生产，所以我打算在美国建立两轮车乃至四轮车的生产基地。"于是，HONDA 开始了在美国建厂投产的筹备工作。

对于该决断，河岛日后曾吐露真言："其实（在美国建厂的）动机并非那么单纯，那么豪迈。当时，'思域'在发售的第 4 个年头突然人气爆棚，因此在铃鹿工厂增设第 2 条生产线的计划被提上议程，并且已经在董事会通过了。可时任社长的我对此兴致不高，总觉得这么做不对。因为倘若实施该增产计划，就等于与丰田全面开战了。而这并非上策。当时 HONDA 和丰田实力悬殊，我们去挑战对方，就好比'十两'段位都不到的相扑选手去和最高段位的'横纲'比试。"鉴于此，河岛当时对川岛和西田这两位副社长提议道："那干脆在美国建厂？"

正当两人不知所措、犹犹豫豫时，HONDA 的两大创始人——本田和藤泽投了赞成票。本田当时鼓励河岛："战后日本的汽车产业之所以能兴盛，美国可谓功不可没。让我们在'汽车王国'闯出一番天地吧。"可其他的高层干部都反对此举，且理由各式各样，包括汇率浮动问题、员工素质问题，等等。

为了出席 HONDA 在美国的两轮车工厂的奠基仪式，本田宗一郎、夫人幸女士，以及河岛喜好抵达美国。图为他们在俄亥俄州哥伦布机场。时任俄亥俄州州长的 J. 罗斯（从右到左第 2 个）前来迎接。当时，美国记者问本田将厂址选在俄亥俄州的原因，本田用巧妙的外交辞令答道："其实多个州都曾招揽 HONDA 前来建厂，这是神的旨意。"

　　1978 年，HONDA 终于以"现地法人机构"的形式在美国俄亥俄州西南部的东列伯蒂建厂，成为首个在美国当地建厂投产的日本车企。1979 年，该工厂开始量产两轮车；1982 年，雅阁轿车开始在该厂投产；1986年，"思域"等乘用车也开始在该厂成功投产。哪怕在日美贸易摩擦最激烈的时期，美方依然评价 HONDA "对美国的经济有贡献"。

如今，仅有不到两成的 HONDA 摩托车产自日本，四轮乘用车亦类似，多数在海外生产。

HONDA 的现任社长吉野浩行自信地说："纵观日本国内的汽车市场规模，即使算上轻型汽车，也只有全球的 1/10。也就是说，剩下的 9/10 皆为海外市场。鉴于此，若能将海外的生产及销售占比提升至九成，哪怕日本国内车市低迷，也是无关痛痒之事。纵观日本目前的各个产业和领域，凡是没有走出国门、没有参与海外竞争的，皆在困境中徘徊甚至挣扎，比如金融、建筑、房地产，等等。如果这些行业能积极走向世界、对外竞争，日子便不会如此难过。"

美国的消费者不看厂商的国籍和规模，只要是好货，就会客观地予以好评并购买，不太会有什么偏见。SONY 也好，HONDA 也好，都以这样的方式在美国市场挣到了好名声，从而为企业的进一步飞跃发展奠定了基础。由此可见，藤泽当初"须自美国始"的思想战略可谓一矢中的。

◎ 集体思考型的干部办公室

藤泽常说："企业创始人最重要的任务，是将企业经营的根本好好传给接班人。"

这也是他将研究所从 HONDA 总公司独立出去的主旨：创造一种能够彻底发挥全体专职技术员能力的集体机制，从而替代"单个的天才"本田宗一郎。

与此同时，他又必须培养"销售业务接班人"。

1962 年春，当本田在《日本经济新闻》上连载"我的履历书"时，年仅 34 岁的河岛喜好已经成了 HONDA 的公司董事，前后一两年内，不少年轻员工先后被提拔为公司高层干部，比如河岛当上了埼玉制作所所长，川岛喜八郎当上了美国 HONDA Motor 的经理，西田通弘当上了海外业务部部长，白井孝夫当上了技术研究所所长。换言之，凡是之后有望成为专务的继任者候补人选，皆先兼任部长或所长级别的职务。

有一天，藤泽把他们叫到位于东京八重洲的总部，命令他们先放下目前负责的具体工作，改在总部的一间名为"干部办公室"的大房间里办公。

"我们每天都有现场的工作要处理，在这里能干什么？"

"我一直待在工厂的，来总部干不了事儿。"

……

虽然他们平时亲切地称呼藤泽为"大舅"，但似乎都无法立即领会藤泽的用意。三四个月后，他们才明白了藤泽的一番苦心。

对此，后来曾任 HONDA 副社长的西田通弘感言道："仔细想来，我们之前只是在从事分管的具体工作，至于身为公司董事该做什么，完全没有概念。而藤泽先生当时那样的人事安排，旨在让我们自觉认识到这一点。"

当时，藤泽分配给他们的任务是"思考董事应该做什么"。于是，他们每天不断展开讨论，有时议题近乎"禅学问答"，有时一行人又会"转战"银座的关东煮餐馆或烤鸡肉串餐馆，边吃边谈。

HONDA 总部的干部办公室。很多课题及议事都是在干部办公室共同商讨的模式下予以迅速解决的。从左到右第 2 个是河岛喜好。

对于这段经历，西田日后评价道："当年本田先生和藤泽先生刚邂逅不久，二人便如同新婚夫妇一般，整日出双入对、共同行动、相互商讨。大约在 HONDA 创立后的第 7 个年头，其企业理念已然形成。同理，虽然形式上存在差异，但我们这些后辈也共同讨论了诸多问题，从而对彼此的脾气和性格做到了知根知底。"

当时，藤泽把上述总部的那间干部办公室称为"集体思考型的核心干部办公室"。关于设立该办公室的主旨，藤泽在《执手火炬》一书中阐释道："能成为核心干部的人，必然是某个领域的专家。通过让其不再分管具体部门、不再管理下属，便能将其从纷繁的日常事务中解放出来，然后迫使其只能以一己之力，与其他核心干部在一个办公室里开展工作。被委以如此重任的人，势必眼光敏锐、反应迅速，在公司项目和事务等方面，哪怕涉及自己缺乏经验的话题，也能够发现具体经办人未能察觉的盲点。此外，通过让核心干部们共同办公，还能让他们加深相互了解、培养共同话题和意识，进而理解彼此的专业领域。如此一来，他们之间的沟通就会变得顺畅，产生误会和误解的概率也会大幅减少。"

组织规模一旦扩大，其官僚体制的弊端便往往显现出来。比如，部门领导整日忙于管理下属和在各种待批文件和票据上盖章，把注意力放在"保住自己的山头"。对于研究所，在先前的独立化改革中，藤泽已实现了扁平化的"镇纸型"组织结构。至于工厂及业务管理部门，其指挥命令系统总是不可避免地趋于金字塔型。要想让 HONDA 不患上"大企业病",不沦为官僚组织集团,就要让高层干部摒弃自己是部门领导的狭隘格局,高屋建瓴、高瞻远瞩地重新审视自己所在的企业。这也正是藤泽为自己和本田"退位"所做的准备,即在没有他俩之后,HONDA 能建立起一种集体领导制度,其目的在于保持 HONDA 当年作为初创企业的进取精神,包括激活干部之间的意见交换、加快决策速度等。

而这些理念和点子,皆是藤泽在离开总部的那一处"茶室"中思考所得。

◎ 两种个性

藤泽一向把本田当成公司的招牌,而自己则一直充当幕后人员的角色。通过做好这份"贤内助"的工作,他守护着公司,从而实现了自身价值,并实践着"男人的美学"。换言之,他让本田宗一郎这个名角在舞台上精彩亮相,"又跳又舞",博得众人赞叹。而他则从中感受到了人生的意义。因此,他最后的使命,便是为名角铺好功成身退的光鲜红毯。

"思域"推出后大获好评，这使公司奠定了在四轮车市场的基础。当时正值HONDA创立25周年，在藤泽看来，这可谓"急流勇退"的绝好时机。在下定决心后，那年正月，他便开始对周围的人放风，暗示自己打算引退。当时，他并未听取本田的意见，因为他觉得如果直接和本田去谈此事，可能会搞得本田不知如何应对，所以算是一种体恤。可后来当本田从公司干部口中得知藤泽的退意时，宣布"要辞一起辞"。得知该消息后，藤泽感到后悔。

对此，藤泽在《执手火炬》一书中感言道："我与本田宗一郎相处了25年，那是我第一次，也是最后一次，做了对不住他的事。"

他在书中还写道："汉学家吉川幸次郎先生曾说，经营的'经'字是经线的'经'。这句话实在太妙了。织布时，经线并不摆动，而是一直贯穿延伸。而'营'可谓纬线，只有在经线稳定贯穿的前提下，纬线才能移动自如。有一根贯穿始终的主心骨，然后再根据实际情况自如运作。这便是企业经营的真谛。我与本田宗一郎邂逅并创立本田技研工业的头两年，我们时常促膝长谈，相互交流意见，有时甚至聊到半夜三四点。而在如此沟通中所形成的，便是本田技研工业的'经线'。至于该'经线'的性格，可以说，其既包含本田的幽默风趣，也包含我的浪漫主义。"

本田与藤泽在外表、性格、爱好等各个方面都对比鲜明。本田个头小，头脑敏捷，能说会道，但废话也多，喜怒哀乐都摆在脸上，天生就是性格开朗、性情急躁的行动派；与之相对，藤泽个头高，举止稳重，属于沉默寡言之人。在着装偏好方面，本田钟爱亮色，常常穿得比跑车还鲜艳；而藤泽爱穿传统日式服装，有时甚至会身着日式便装、脚穿白色的日式短袜，趿着草鞋，悠然地来公司上班。在阅读方面，由于本田擅长靠听觉和视觉获取知识，因此最多也就看点儿大众文学读本；而藤泽则涉猎颇广，从文学类回忆录，到战争纪实等历史类。

至于其他的兴趣爱好方面，本田年轻时经常和艺妓混在一起，也会吹吹尺八、唱唱小曲，但他最大的爱好还是摆弄机器。退居二线后，他开始热衷于打高尔夫，还在闲暇时学习日本传统绘画。在他留存于世的画作中，有一些画狗的作品，画中的一根根狗毛纤毫毕现，体现了其现实主义的画风。作为对比，藤泽对驾驶和运动毫无兴趣，属于"室内型"的教养派，热衷于鉴赏一流的绘画作品和舞台艺术。

但在关于"活法"这一哲学方面，二人却出奇地一致。他们敬佩彼此的优点，尊重彼此的个性，而在应该直言不讳时，他们也能做到开诚布公、真情吐露。有时，他们开玩笑搞得像激烈论战似的，有时又简直就是一个相声组合，彼此过招，却心心相印，配合默契。

在人生经历方面，二人都成长在较为贫穷的环境下，也都未接受过大学之类的高等教育，且都在年轻时便自主创业、实现自立。这种幼时的贫乏境遇，较早的个人独立，以及对战争的实际体验，将二人磨砺为"人生的达者"。这种特质和理念亦体现在他们对待下属的方式上，比如对年轻后辈大幅放权等。当然，二人对下属亦有严格的一面：本田不但会给年轻人吃拳头，甚至还会把扳手扔过去；而藤泽也会大声怒斥部下。但二人依然被员工们亲切地称为"老爹"和"大舅"，因为他们的严厉是正面、积极、开朗的，而并非阴暗的"驭人之术"。此外，二人都善解人意，且喜欢默默努力。

对于私利私欲，二人皆恬淡处之；对于公私混同，二人皆严格自诫；对于金钱，二人皆"患"有"洁癖"，凡是涉及自己玩乐的开销，都自掏腰包……1954年，HONDA 陷入经营危机时，二人还彼此约定——"咱们可别把自己的儿子塞到公司来"，从而杜绝了HONDA 沦入"家族化"之虞。

就连比本田宗一郎小 7 岁的亲弟弟弁二郎亦不例外。从 ART 商会滨松分店时代起，弁二郎就以技术员的身份与本田宗一郎一同打拼。即便如

第 3 届 HONDA 公司创意比武大会上，本田和藤泽开心爽朗的笑容。摄于1972 年。

此，弁二郎依然在 1962 年辞去了常务一职，离开了HONDA。纵观松下电器产业、丰田和 SONY 等知名日企，其创始人的子弟都作为后继者进入公司，不得不

说，HONDA 的作风独树一帜。

引退后，藤泽成了公司的经营指南顾问，只有在公司高层提出请求时，他才会给予建议，或者穿着日式服装，亲自去总部一趟，但仅此而已，而并未再次"出山"。他主要的日常生活已转为悠然自适模式。他家住六本木，隔壁就是他儿子开的美术古董店"高会堂"，而他是提供店铺场所的"大房东"，平时埋头于自己的兴趣爱好，比如常磐津节流派三味线、西洋古典音乐以及美术等。

1988 年 12 月 30 日晚，藤泽和家人吃着火锅，享受着天伦之乐。饭后，他因突发心脏病去世，享年 78 岁。1989 年 1 月，HONDA 公司为他在东京芝公园的增上寺举行了葬礼。葬礼上，对于这位逝去的盟友，本田沉重地致了悼词："我俩一路拼命奋斗，彻底燃烧自我，实属幸福。我俩在一起时，从不追忆过去，只畅谈未来梦想……"

无须葬礼

◎ 致谢巡礼

65 岁辞去社长一职后，本田依旧身体健康，精力旺盛，一天都闲不住，于是开始了遍访 HONDA 日本全国各工厂和经销店的"行脚之旅"。他乘着自己的私人直升机辗转各地，在当地出行时则自己开车。这位商界英雄所到之处，人们皆予以热烈欢迎，且争相和他握手，这样的"日本国内握手会"持续了 1 年半才结束。"行脚之旅"令本田患上了后遗症——脑中直升机螺旋桨的声音总是挥之不去。整整花了两年时间，该症状才消失。

虽然不再对工作执着，但本田与生俱来的好奇心并未衰退。

在引退后，本田开始实验"鬼火"（磷火），还从全球各地搜集来大量的 UFO（不明飞行物）资料。此外，作为 HONDA 的"金字招牌"，他还倾力于参加与社会贡献、海外文化交流等相关的对外活动。

各机关单位、社会团队也纷纷邀请他担任委员或干部等职务，这使他的对外活动更加频繁。而邀请他进行演讲和参加媒体访谈节目的通告也纷至沓来。1981 年春，他被授予瑞宝大荣誉勋章。其后，不少国家和学府也授予他勋章和博士学位。1989 年，被美国收录进汽车名人堂，他是首位获此荣誉的日本人。

1990 年，为了表彰他对 F1 赛车运动做出的贡献，国际汽车联盟（FIA）授予他"金牌奖"。他是史上第 3 位获此殊荣的人，前两位是费迪南德·保时捷和恩佐·法拉利。

此外，在本田的退休生涯中，每年 7 月，他都会在位于西落合（地名）的自家大宅子里举办香鱼垂钓派对，招呼亲朋好友共聚。来客中包括政界、商界、文化界及体育界的知名人士，可见其交友之多、人脉之广。

而在反哺社会方面，本田和藤泽亦贡献卓著。

1961 年，二人自掏腰包，设立了名为"作行会"

的奖学金机构，旨在为年轻的"科技苗子"提供支持，前后总计有 1735 名科研人才受益。奖学金的支给为期 3 年，其间只要求奖学金获得者写一篇外文论文即可，至于奖学金的用途，也不设任何限制。二人可谓扮演了标准的"长腿叔叔"角色，贯彻了"做好事不留名"的宗旨。1983 年，该机构解散。此外，二人在引退后还设立了财团法人机构"交通安全学会"。

1977 年，本田又与弟弟弁二郎共同拿出 40 亿日元个人财产，设立了"本田财团"，旨在召开以环境技术为核心主题的国际研讨会，以及对有贡献者颁发"本田奖"等社会公益活动。

◎ **与井深的友谊**

在商界，谈起与本田最为意气相投的挚友，则要数 SONY 的创始人之一——井深大。

井深比本田小两岁。1958 年，作为战后新兴企业的 HONDA 和 SONY 正好都处于大步迈进的成长期，就在那时，两人相识了。他俩都经历过日本战后的激荡时期，也都凭借着勇于挑战的精神，使自己的公司成长为世界级企业，又几乎在同一时期退居二线。他俩同气相求，尤其在与"造物""创意"息息相关的工匠特质方面。井深曾坦露："我俩之间可谓'有求必应'的关系。我们曾彼此承诺，凡是对方拜托的事，就一定会答应。"

当临时行政调查会的意见答复被"阉割"了核心内容时，心生危机感的井深拜托本田担任"全国行政改革推进论坛"的总干事，本田欣然接受。于是，井深和本田这对"总干事组合"奔赴全国各地巡回演讲，呼吁改革。1984 年出版的《我们的行政改革论》（井深大、本田宗一郎合著）一书中，收录了二人的对谈。在对谈中，本田慷慨激昂地指出："我想警示人们，倘若一味对官老爷俯首帖耳，只会把企业搞倒闭。而我可不会这么做，这是我坚持的原则。"对此，井深深表赞同："没错，结论就是如此。"在对谈中，对于当时中曾根内阁试图把"行政改革"这块牌子换成"教育改革"的做法，二人表示了讥讽。而由此引申到教育的话题时，二人的情绪愈发高涨。

本田说道："我这人没怎么上过学，所以和上过学的人相比，我不太懂教育什么的。至于我为什么不喜欢上

拥有深厚友情的井深大（左）与本田。摄于1986年。

学，是因为学校连我讨厌的科目也教。如果学校能只教我擅长的东西，那我就会喜欢上学了。所谓'什么都会'的'全才'，其实等于什么也不精。因此在我看来，目前日本的教育问题，在于培养出的都是只会卖弄点儿理论知识的'半吊子'。换成企业组织，如果不让员工发挥自身特长，那企业连10天都撑不过。"

井深也说道："义务教育本身已无必要。义务教育制度出台的原因，是由于明治初期，政府呼吁民众让孩子来上学，结果应者寥寥，所以才推出了这种强制性的国民义务教育制度。而现在的情况已今非昔比……"

本田与井深这对盟友的缘分和友谊的结晶，便是位于大分县的社会福利企业"HONDA太阳"。

1978年1月，在井深的介绍下，本田拜访了位于大分县别府市的"太阳之家",该机构由整形外科医生中村裕运营。中村提倡的理念是:虽然人有身心残疾一说,但在工作面前人人平等。比起看护,福利机构更应给予残疾人工作的机会。他认为,参加生产活动,以社会成员的身份与健全者共同生活,才是残障人士真正的幸福。因此在1965年,他设立并开始运营社会福利法人机构"太阳之家",旨在培训残障人士的工作技能,并为他们提供工作岗位。

当时,跟随着中村参观"太阳之家"的本田,看到重度身残者努力劳动的样子,顿时非常感动。他说:"不知为何,我眼泪忍不住就哗哗地下来了。"之后,他决定:"我们HONDA也必须为这份福利事业贡献力量。"很快地,他便把两轮车速度表等部件的制造工作委托给了"太阳之家"。

1981年,在数家相关公司的出资下,"HONDA太阳"公司正式设立。该公司的机制较为特殊——生产活动的管理及运营由企业方负责,员工的健康管理及日常生活则由"太阳之家"提供支持。该工厂的产品包括轮椅等。

◎ 无须葬礼

两年半后的 1991 年 8 月 5 日，身患癌症的本田由于突发肝衰竭，在顺天堂医院去世，享年 84 岁。世界各地的媒体都报道了这一噩耗，美国的《纽约时报》甚至用了整整一个版面追悼他，评价他为"反抗政府做法的反骨汽车技术专家，从战后废墟中创造出世界顶尖企业的企业家"。

本田生前曾叮嘱公司不要为他举办葬礼。他说："公司葬礼排场太大，势必会造成交通拥堵，给大众带来不便。咱们作为造车人，可绝不能这么干。"

为了尊重本田的遗愿，公司没有为他大操大办葬礼，只是在东京青山的总部以及埼玉、铃鹿等各地工厂象征性地举办了追悼会。前来悼念者总计 6.2 万余人。在接受报社采访时，井深大对此评价道："本田先生既不举办葬礼，也不让人守夜。他为这个世界留下了许多许多。而现在，在他人生的终章，他又一次做出了令人们钦佩的壮举。"

井深参加完追悼会正要离开时，突然又转身走了回来，站在 HONDA 和 SONY 共同开发的小型发电机面前，伫立了许久。他当时嘟囔道："我听到了本田先生在和我说话，叫我继续从事创造工作，先不要跟他去。"1997 年 12 月，井深去世。至此，这两位名副其实的"造物天才"永远离开了我们。

但他们精神永恒，虽形式不断变换，但本质从未改变。在众多知名和一流企业业绩不振或陷入危机的当下，HONDA 和 SONY 因为坚守初心不断飞跃，朝着既定大方向坚定不移地前行。而在背后作为支撑的"主心骨"，便是本田和井深所根植的创造和创业精神。

第三章　我的思维方式

三大喜悦

我把"三大喜悦"作为我们公司的座右铭，它们是制造的喜悦、销售的喜悦以及购买的喜悦。

第一大喜悦由技术工作者独占，就如造物主凭借其丰富无边的"创作欲"造出宇宙自然万物那样，技术工作者通过自己独特的创意，成功地创造出能够贡献社会的产品时，其喜悦无可替代。倘若该产品十分优秀，在社会上广受欢迎和好评，这份喜悦则愈发无与伦比。我自己也是一个技术工作者，因此我平时一直把打造这种产品作为奋斗目标，并为此不懈努力。

第二大喜悦属于产品销售人员。我们公司是产品制造商，我们的产品之所以能够传递至消费者，靠的是广大代理经销商和门店的协力和努力。物美价廉的东西，没有卖不出去的道理。如果我们的产品品质好、性能优、价格低，我们的销售伙伴们自然会十分喜悦，销量也自然喜人。而畅销会给销售方带来利润、自豪和喜悦。作为制造商，倘若做出的产品无法给销售方带来这样的喜悦，就算不上合格的制造商。

第三大喜悦属于购买产品的消费者。要知道，最了解产品价值、最有资格对产品做出最终评价的，既不是制造商，也不是销售方，而是在日常生活中使用该产品的消费者。"啊，这东西真没买错"，如果消费者能发出这样喜悦地感叹，便是对产品价值的背书和荣冠。对于我们公司的产品，我暗地里一直挺自负，认为我们的产品本身就是一种宣传。之所以这么想，是因为我坚信，我们的产品能够给消费者带去喜悦。

综上所述，这"三大喜悦"便是我们公司的座右铭。而我，则会倾注全力，为了实现它而努力。

产品的美与艺术

有的女子虽然算不上是大美女，但她的仪态很美。比起女子的相貌，我这个人更看重其仪态。脸是天生的，但仪态是好是坏、是优是劣，就得靠脑子了。在我看来，仪态是心灵的镜子。

一名女子是优雅大方、仪态端庄，还是低俗下作、粗野不堪，旁人都能一览无余。

摩托车亦是如此。我坚信，内在优秀的车，比如引擎构造合理、各项功能充实等，其外表也同样优秀。

我个人喜好优雅大方、仪态端庄，又蕴含些许个性的外形。而这次推出的四冲程"梦想号"车型，在设计之初，便注入了这样的设计语言。今后，我也会继续努力实现心中的理想设计。我不喜欢那种堆砌装饰的设计，在我看来，这就像浑身上下戴满浮夸首饰的站街女，内在空虚，毫无魅力可言。

虽然日本在机械工业领域全面落后于西方各国，但我依然把制造摩托车视为自己的天职。至少在这个行业，我想造出不输给外国人的漂亮摩托车，我坚信，我们一定能实现这个目标。

在各地大小工厂几乎都受军方支配的时代，日本制造业的产品只专注实用性，其他一概不考虑，战时的38式步枪便是典型。虽然"东西能用"是没错，但以世界发达国家的市场标准来看，几乎等同于"没有价值"。让产品具备实用价值，仅仅是商品学入门第一课的要求，唯有在实用价值的基础上，让产品兼具艺术（美学）价值，才算是一件形态完整的商品。

比如美国产的汽车，其在具备完备实用价值的基础上，还实现较高的艺术（美学）价值，因此在全世界广受欢迎、广获赞誉。

从该意义层面来看，如今，要想成为卓越的专业技术人员，不但技术要精湛，还须具备优秀的艺术才能。换言之，必须同时拥有科学家的知性和艺术家的感性。

资本与创意

在社会发展较为缓慢的时代，经营事业最为根本的基石是资本。

就拿发酵味噌和酿造酱油的作坊来说，制作过程需要一定的时间和周期，所以需要一定的资本实力，才能干这样的买卖。也正因为如此，不少味噌和酱油的老字号都是当地的财主经营的。

可现在情况不同了，过去花 10 年、20 年才能实现的进步，如今 1 年甚至半年就能达成。在这个日新月异的时代，经营事业根本的基石也从"资本力"转为"创造力"。

在封建时代，地主是代表性的利益人群，他们通过持续持有土地，便能确保其地位稳固。而到了二战前，拥有经济资本实力的人凭借其所持资本呼风唤雨，从而确保其地位稳固。当今，世界的进步发展快得令人目不暇接，因此在经营活动中，"资本力"的重要性已然让位于"创造力"。

先于时代的创意，能够引导企业走向繁荣；反之，如果没有好的创意，即便抱着"钱袋子"，也会被时代淘汰，最终沦为失败者。

经常听到有人说，"由于缺乏资金，经营事业不尽如人意"。在我看来，原因并非缺乏资金，而是缺乏创意。纵观当下，有的企业即便资金短缺，却凭借全新的创意蓬勃发展。反之，不少企业虽然资本充裕、工厂齐备、员工众多，却业绩不振、赤字频现。可见创意的重要性。

总之，时代的急速进步、发展，使事业经营领域的两大要素——资本和创意的重要性发生了逆转。

技术与个性

纵观马蒂斯和毕加索等画家的画作，有的画着只有一只眼的脸庞，有的画着女人的双腿挂在树干中间……按照我们平时的鉴赏认知，实在看不懂。

原因很简单，如果基于平日稀松平常的经验，或者他人灌输的常识，这些画作的确奇怪晦涩、难以理解。

但必须注意的是，不管是经验，还是他人灌输的常识，都是既有的东西和概念，即过去的、定式的。具体来说，看到画着只有一只眼的脸庞而感到奇怪难解，是因为鉴赏者已经形成了"人必然应该是两只眼"的固有经验性思维，且无法从中迈出一步，这是缺乏个性的表现。

据我所知，迄今为止，日本的小学老师在评价学生的绘画作品时，打分的依据是画得和实物像不像。比如在画苹果时，老师看的是学生画得和真苹果像不像、相似程度如何，从而判定其成绩高低。虽然少数理念进步的老师不会一味让学生追求"画得像"，但主流仍然如此。换言之，如今日本的低龄美术教育依旧停留在"朴素的写生主义"范畴。

可如果将绘画的价值定位于与实物的相似性，那么不管画得多好多巧，都无法与照片匹敌。最近，连色度还原优秀的彩照都开始普及了。但无论摄影成像技术如何发展，绘画依然有其值得尊重的价值，那便是绘画者自身独特的视角，即个性。换言之，绘画者画的是个性化的所见、个性化的所感。

比如，同样画的是苹果，根据绘画者的感受，其画出的苹果也各不相同——挺过北国寒冬，结于枝头的苹果；在空气清新的信浓高原，被美丽的村中小姑娘摘下的苹果；酸味中伴着甘甜，滋味清爽的苹果……总之，绘画的价值，正来自这种个性的渲染。

技术亦是如此。没有融入个性的技术，其价值亦显贫乏。日本之前大部分的工业技术都属于这种，即只是缺乏个性的单纯模仿。尤其在战时，日本的制造业几乎都是在抄袭西方国家，靠洋人的点子、洋人的图纸生产产品，且以军部最甚。哪怕当时民间有再好的创意、再棒的点子，由于军部负责拍板的领导往往对技术一窍不通，因此埋没了许多人才和创意，从而使日本的技术领域进一步陷入抄袭模式。

看到画里的人只有一只眼，便评价为"奇怪"，或许是因为从过去的经验出发，所以才产生了"丑陋、怪异、不忍直视"之类的感受。

可如果像这样一直被过去的经验绑架，便无法创造好的发明，提出好的创意。当然，我不是说要彻底无视过去，而是说，只有正视过去又不被过去所累，并具备有别于过去的全新视角和自由感性，才能进行优秀的创造发明。所谓发明和创意，其实是对过去既有智慧和知识的再创造，就像从二次元世界升级至三次元世界那样。对于该领域，不少人会说"自己做不到"，但在我看来，做不做得到不由天定，而由人定。在被赋予"创造发展"使命的人的辞典里，是没有"不可能"这个词的。

这么想来，马蒂斯画中的独眼人似乎亦无不妥。

前面讲到，较为开明的小学美术老师会认可学生的个性，并在指导中力求培养其个性。而书法课亦是如此，开明的老师不会一味地教学生临摹字帖，而是注重激发学生的个性，并在课上开展共同鉴赏、共同评价的活动。换言之，不是单纯地评定一个学生的字是好还是差，而是让全班学生表达自己的感受，即"喜欢"还是"不喜欢"。

综上所述，我坚信，技术也必须包含个性，但个性也并非一开始就有。哪怕名家马蒂斯，也是从模仿起步，然后逐渐摆脱模仿，最终达到充满个性的极高境界。所以说，对于年轻人和缺乏经验的新人，从模仿起步可谓必经之路，但要明确一点——模仿归根结底只是手段，而非目的。我认为，咱们国家的技术应该多点儿个性，或者应该说，必须追求独树一帜的强烈个性。

自诚，制造业的道义心

人们常说"某某人人格高尚"。行事磊落、品行端正、笃实忠厚、待人和蔼，这样的人确实可谓人格高尚。对于学校老师和宗教家，便可以这样的基准予以评价。

可对于技术人员，这种普世标准便不适用了。不管一个技术人员多么笃实忠厚、多么品行端正，倘若其做出的产品不满足无缺陷，品质优的基准，便称不上"人格高尚"。

鉴于此，只有打造出优秀产品贡献世人的人，才算得上是人格高尚的技术人员，以及"了不起的人"。

这里，我还想回过来谈谈何谓"了不起的人"。说到"了不起"，人们心中下意识会想到的具体实例大概有学者、大将、大臣、富豪等。学富五车的教授、足智多谋的军官、手腕卓越的政治家……这些人的确了不起。但我相信，一个人"了不起"的程度，与其对社会做出的贡献成正比。

换言之，在一个人有限的人生岁月中，其工作的"质"与"量"决定了其个人价值。

一个人不管人品多好，如果做出来的产品质量低劣、极易损坏，都只能被评为"人格劣等者"。

比如某企业制造的汽车，其传动接合件松垮异响的毛病10年都没改，真是太缺乏"技术良心"了。对于相关的技术人员，我只能给予"典型人品败坏者"的评价。

对于自家产品，我一旦察觉到缺陷，或者被他人指出问题，就会立即着手改正，不会有片刻犹豫。

这也是咱们公司一直视广大消费者的意见为至宝的原因。说起人格高尚者，人们首先想到的往往是道德家、宗教家之类，或者认为人品好的人，技术一定也好。而我想说，必须从根本上打破这种既有观念。

鉴于此，作为技术人员，我一直自诫自励，努力打造大众所求、为大众所用的物美价廉的产品，通过自己的技术，为世人做贡献。

工厂经营随想

◎ 尊重理论

在公司，我将"尊重理论"视为工厂经营的根本。但凡关乎公司业务的事项，我都遵循"尊重理论，合理处理"的宗旨。唯有正确的理论，才是亘古不变、内外通用、不受时间和空间制约的普遍真理。

"拼命加油干"被大家奉为金句，可脑子短路般的"拼命加油干"不仅毫无价值，甚至比懒惰怠慢的破坏性更大。因为拼命加油干少不了一个前提条件——基于正确的理论。

用人方面亦是如此，一代枭雄清水次郎长将大政、小政作为其左膀右臂，靠的是封建的"老大和小弟"管理模式。可假如当今还沿用这一套，那么工业现代化也无从成立了。

由此可见，唯有基于理论、尊重个体创意，才能有发展进步。人类肉体的劳动力不过 1/20 马力，因此人的价值在于基于理论思考事物、合理处理问题。这样的智慧和能力越高，一个人的价值就越高。要说咱们公司新在哪里，除了员工较年轻，还有不分时间、地域地尊重新理论、新知识的企业文化。咱们公司今后的发展进步，关键取决于是否能够进一步追求和遵循理论。

◎ 尊重时间

不少人将事业成功的要素归结为资本、劳动和经营，却忽视了重要的时间。哪怕再优秀的点子和发明，倘若做不到雪中送炭，便毫无价值。就如雨后伞、秋后菊一般，其商品价值为零。

咱们公司资历尚浅、资金匮乏、设备不足，却能在两轮机动车行业取得今日的地位，靠的就是尊重创意和争取时间。

以公司当下制造的产品为例，等到明年今时，难保其他同行不会造出类似产品，因此抓住时机，及时推出是绝对条件。这就像看病，可谓分秒必争，假如等到病人断了气才赶到，不管是多厉害的名医，都与庸医无异。

再说到英国研发投产的"彗星"型客机（该机型的英文名为"Comet"，由哈维兰公司制造。——译者注）。这架飞机使伦敦至东京的飞行时间缩短至 27 小时，同时制造成本极高，燃料消耗巨大，但英国毅然将其投入民航使用。个中道理，大家应该有所领悟。

"经济"与"距离"的时代已经过去。当今，这二者皆可用"时间"来克服或代替。

◎ 尊重效率

所谓效率，就是为了享受个人生活而压榨时间，换句话说就是将单位时间的价值最大化。像二宫金次郎（二宫尊德）那样行走于山中坡道、忍受多重劳苦、起早贪黑，甚至连吃午饭都嫌浪费时间的"为了劳动而劳动"的思维方式，以及将享受生活视为罪恶的战时克己主义，都没有理解"效率"的真义。

传说，平清盛曾试图唤落日逆行，但正所谓"逝者如斯夫"，一天 24 小时，不会多给任何人 1 秒。所以，要想在这有限的时间内更多地享受生活，就只能拼命压榨工作时间。鉴于我的亲身经历和体会，我认为，创意和发明并非源于天才奇想，而是在迫不得已的情况下"挤出"的智慧。与之类似，所谓效率，其实也是为了享受生活而逼出来的智慧结晶。

尤其在咱们这种制造摩托车和两轮车马达的企业里，如果技术人员的创意和点子足够优秀，能有效审视和预测消费者需求、资材调配、机械加工流程及装配作业等，那么效率简直胜过数千名单纯的体力劳动者。在这种切入本质的创意和点子的基础上，加上配套的动力和机器，就能在一定时间内产出最好最多的实际工作成果。而能够统筹安排、实现这一切的头脑，便是效率的根本所在。

咱们公司之所以源源不断地采购先进的生产设备，甚至用电都靠自家发电设备，也都是为了效率。

效率是现代人生活的必要条件。至于组成效率的要素，我认为有三：时间、金钱、尊严。

哪怕时间再充裕，如果没有金钱，也无法享受生活；反之，哪怕腰包再鼓，如果没有时间，也无暇享受生活。

那么既有钱又有时间的话，是不是就能享受生活了呢？其实也不然。倘若享受生活的条件只有时间和金钱这两方面的话，那么即便行偷窃和诈骗之事，只要来钱快，似乎也没什么大不了的。但人有人的尊严，而这种作奸犯科之事，与人的尊严直接冲突。所以说，唯有用堂堂正正的方法赚取足够的利润，从而赢得金钱和时间，并按规定纳税成为纳税大户，为国家和社会做出贡献，才有享受生活的资格。只有拥有了这样的尊严，才称得上是"有效率"。

1953 年 7 月，埼玉制作所和 HONDA 总部共同发起并成立了娱乐消遣推广组织"明和会"，其成员主要是 HONDA 的员工代表。照片摄于当时的活动现场。时任名誉会长的本田宗一郎在成立仪式上致祝辞道："大家要愉快尽情地享受青春，好好利用这个娱乐消遣推广组织，使其成为明日生产工作的动力源泉。"

出征曼岛 TT 赛的宣言

从我们本田技研工业创立之日算起，已过去 5 年有余。公司能取得如此划时代的飞跃成长，是全体同人努力的结晶，我在此表示衷心祝贺。

从幼时起，我就有一个梦想，那就是用自己造的汽车在世界级的汽车赛事中称霸。但要想称霸，最基本的条件是企业稳定、设备精密、设计优秀。我们一直都在这方面发力，但由于我们过去一直专注于打造满足日本国内消费者的需求的优秀的实用车型，因此完全无力顾及摩托车赛事。

但如今形势不同了，根据回国后对这次圣保罗国际摩托车赛的报告分析，我们详细了解欧美各国的摩托车产业现状。我先前以为自己属于不拘泥眼下现实，敢于放眼世界的人，可如今发现，我还是太过执着于日本国内的情况了。世界发达国家在摩托车领域的进步实在太快了。

多年以来，一想到参加赛事，我就会自然生起"必胜"的自信。而我与生俱来的斗志，也不允许我就这样安于现状。

如今，我们已然确立了让我拥有绝对自信的生产体制，可谓时机已到，我在此宣布，决定参加明年的TT赛。

我们本田技研工业一定要完成这项艰巨的事业，我们必须验证日本机械工业的价值，并将其提升至足以向世界夸耀的水准。"启蒙日本产业"便是我们本田技研工业的使命。

在此，我正式宣布这一决定，并与诸位一同起誓，为了参加 TT 赛并夺冠，一定会全力以赴、发挥创意、不懈努力！这便是我的宣言。

不纠结眼前得失

在德川时代，谁能发最大的财？答案是商人。

可由于日本政府当时实行闭关锁国的政策，禁止外贸通商，因此日本商人的格局非常有限，形成了十分严重的"内卷"风气：各种掮客和倒爷盛行，同行之间流行互相使绊子。在这种持久的封建制度下，人们也变得相互猜疑。

相互猜疑的原因或许出自各个方面，但其对日本的影响极为深远。如今，哪怕在同一家公司里，也常常存在大大小小的"圈子"和"地盘"。员工对由上至下的纵向命令系统，即晋升系统十分敏感，因此处于同一系统（部门）的人都热衷于搞好关系；可对于不属于自己系统的人，比如需要系统或部门之间横向协调时，便会生起"斗争"情绪，彼此想方设法地贬损对方的亮点和优点。这样一来，在明明最应该活跃奋斗的青年时代，人们却把精力都用在这样的"职场政治"中。而到了壮年，便躺在自己先前钻营所得的地位和成绩上睡大觉。在现实中，这样的人真的太多了。在我看来，这皆是源于纠结眼前利益得失的短视思维：造成一家企业的核心干部之间、部长和科长之间，以及普通员工之间持续内斗、内耗。这最终导致广大日企无法实现"制造世界级优质产品"的宏大目标。从本质上来说，这是对优秀的人才和头脑的浪费。

坦率而干脆的人生

◎ 道听途说与实际经验的结合

我不爱看书。说得极端一点，书这种东西，上面写的尽是过去的知识。而我总有一种莫名的恐惧感，害怕被书里的内容限制住了思维，甚至使思想退步。

回顾我之前的人生，几乎都是靠看、听、试，并将获得的信息综合，从而得出结论，不断进步的。

每次碰到不懂的问题，我都不会先去找相关书籍，因为直接问人要快得多。

看了一本 500 页的书，对自己真正有用的内容可能就 1 页，所以我不会从书本里找答案，因为这样太低效。咱们公司现在有不少员工是大学毕业生，遇到问题了，只要找个专业对口的一问，远比查书方便快捷。然后将由此获得的知识与我自己既有的经验相结合，便能找出解决方案和对策。社会上似乎评论我是"从零到十，事事亲为"的人，这当然是不可能的。

说到底，我这个人的特点或许是敢于坦率而干脆地向人请教。因为"学历低、没文化"几乎成了我本田宗一郎的"标签"，所以我有不懂的问题，也完全合情合理。也正因为如此，我在虚心向人请教时，没有任何面子之类的压力。反之，如果换作学历较高的人，在请教别人之前可能会有心理负担，担心别人嘲笑自己，"居然连这个都不懂"，从而无法坦率干脆地提出问题，只能勉强地不懂装懂。明明问一下别人就能掌握的东西，却迟迟无法掌握。试问天底下还有比这更不合算的事情吗？

◎ 发现问题是先决条件

工厂车间的生产效率亦同理。必须通过某种高端技术才能解决的问题其实很少，在大多数情况下，技术反而是次要的，而最重要的往往是时间。

就拿"增产1倍"来说，只要将作业时间压缩至原来的一半即可，这个道理谁都懂，只是一道简单的数学题而已，既不用立体几何，也不用代数知识，只要懂加减运算，人人都能提升效率。

而在我们采取实际行动时，其实发现问题才是先决条件。

不是说有了技术，便可解决一切问题。在使用技术之前，更为必要的是发现问题。就拿日本来说，国内的技术人员和组织多如牛毛，可在解决实际问题时却贡献不大，因为他们在发现问题这一环节上很薄弱。就比如刚才说到的生产效率，如果发现了问题，即如何将作业时间压缩至原来的一半，接下来便能着手解决了。

在发现了这样的问题或课题后，就是技术人员发挥作用的时候了。而发现问题的任务，其实不懂技术的门外汉亦能完成。而令我忧虑的是，大家似乎都忘了这最为基础、但也是最为重要的先决条件。

◎ 专家的任务

最近，我看到一篇刊登在所谓的"一流财经杂志"上的文章。文中煞有介事地讲，对于制造何种样式的产品以及定价等问题，企业大可对大众进行问卷调查。

我对此深感失望。通过面向大众进行问卷调查，的确可以获得有参考价值的信息反馈，比如自家产品的受欢迎程度、消费者是否满意等。对于这类问卷调查，我还是赞成的。

可对于涉及制造业本源的东西，倘若依然试图通过问卷调查来获得答案，这就欠妥了。

理由很简单：制造业的专家为什么非要去听外行们的意见？如果这么做的话，那专家还能叫专家吗？如果去问大众什么产品好，得到的答案势必是陈旧的、既有的、即将过时的。连外行都想得到的设计和理念，肯定缺乏新意。

而唯有崭新的发明、创意和设计，才能惊艳到大众。如果不懂这一点，反而在研发新产品时去征询大众的意见，成品则往往沦为中庸之作，成为在行业内一味追随其他厂商的模仿者。

换言之，这样做等于是抛弃了工匠精神，而沦为给街坊邻居修修打打的普通人。

扬长避短

有句俗话叫"有情人相会，千里变一里"。

一个人如果能够如此埋头于自己的兴趣爱好，直至错乱了对时空的感知，那真是人生一大幸事。为此，每个人都应该坦白自己擅长和不擅长的东西，而不要藏着掖着。石头也好，钻石也好，皆有各自的用武之地。而领导则应该及时挖掘下属的特长，帮助其发挥优势并不断成长。要做到岗位对口，量才分配。如果能做到这点，石头也好，钻石也好，就都能成为真正有用的宝石。

企业是条船，

载着各类宝石般的人才，

有人掌舵，

有人摇橹，

大家一帆风顺、

和和气气地驰骋大海，

向着同一个目标前行。

若能这般愉快地航海，

则夫复何求。

对"坏孩子"抱有期待

　　对未知事物心驰神往是人的天性。虽然有所不安，却依然大胆地参与或尝试，"未知"就是有这么大的魅力。

　　在我看来，探求未知世界，可谓人生至高乐趣之一。一个人如果放弃或遗忘了这种乐趣，则意味着停止了进步。再也没有"明天"，变得一味沉浸于过去的回忆，即所谓的"垂垂老矣"。

　　连有的年轻人都这样：明明还是小伙子，却和中年男人一样，甚至像80多岁的老头儿那样，既消极又保守，一味在意周围人的目光，行事畏畏缩缩，一股小家子气。

　　为什么会有这样的"精神残废""无为青年"？原因当然多半源自其自身，但这肯定并非全部。

在我看来，最大的原因在于日本社会要求青年们去除棱角的倾向：社会希望步入社会的青年是顺从的、老实的、不逾矩的。其实，这背后是成人世界只求稳定的消极主义，是成人自私的黑暗心态。

论心态年轻，我自认为不输给任何青年，但毕竟岁月不饶人，我头已经秃了，可社会上依然把我称为"战后派"，我也搞不清这是褒称还是贬称了。但由此可见，日本社会宗派主义盛行，十分排他和保守。

我对此深感忧虑，成人倘若对"未知的魅力"无感，也不去勇敢追求它，家庭生活便会黯淡，整个社会也会活力尽失，整个国家也会日落西山。因为在一个消极的成人社会环境下，年轻有为的苗子也好，年轻有望的能量也罢，都很难出现和成长。

孩子对所见所闻都会充满疑问，对这个世界充满兴趣和好奇。不管什么东西，他们都会去抓去拿，要么往嘴里放，要么又砸又扔，搞得父母心惊胆战。

"为什么"是孩子最常用的口头禅，因为对孩子来说，一切都是未知的。害怕的情绪的确也存在，但孩子不会因此胆怯。孩子彼此之间的个体差异其实不大，成长过程和节奏也大同小异，他们对未知的探求心，正如探险家的心境，由此可以认为，每个孩子都是未知世界的勇敢探险家。

父母却往往不懂这一点，从而对自己的"小探险家"予以冷遇，结果导致孩子对未知的兴趣萌芽被葬送，或者被扭曲。

从幼儿时期直至青年时期，父母对孩子的这种教育方针非但不改，反而有变本加厉的趋势。

年轻人的思维还未固定，他们通过追求和体验各种未知，逐步梳理出自己的思路，并形成自己的个性。求知旺盛、畅游书海亦可，体力充沛、勤于锻炼亦可，埋头工作、潜心钻研亦可，只要付出精力、全心投入并从中获得乐趣，就是好事。

年轻人充满能量、勇于奋斗的身影，是美丽且健康的。无须成年人插嘴干涉，年轻的头脑也能制定出充分反映时代背景的规则。成人由于不理解年轻人的这种智慧，因此不信赖，进而以"指导"之名横加干涉。

对此，大部分年轻人往往不顾成年人的不理解，按照自己的想法自由成长，但在他们的心灵深处，难免会对成年人产生不信任、轻蔑，甚至绝望之感。

孩子对家长说想去登山，家长立刻会甩过来一句："太危险了，打消这个念头吧！"孩子骑摩托车速度稍微快了点，家长立马怒斥道："你为什么尽做这些危险的举动？"孩子如果玩到很晚才回家，就立即成为周围人的"批斗对象"。

"大家都是为了你好，所以才说你的。你就不能安分点儿吗？就不能好好学习吗？"

成年人的训斥往往都是这个套路。有一个场景最能说明这种成年人的思维定式，那就是一个孩子赤身裸体地在前面跑，而他的母亲红着脸，拿着内裤在后面追。

年幼的小孩子既不懂何为面子，也不知何为名声，享受的只是一丝不挂的自由和爽快。母亲对孩子的这种想法却不理解，而是事事以成人的感受作为判断标准，所以当看到孩子不穿内裤时，想象的是自己不穿内裤的情景，故而脸红羞愧。在我看来，这样的母亲反而挺低俗的。

其实父母根本无须多管，等孩子到了相应的年纪，自然会在意外表、学会打扮，也会明白何种样貌属于羞耻。这一切都是水到渠成。

　　然而许多父母丝毫不去努力理解孩子的世界，而是将孩子置于成人的常识框架内进行教育，从而养出了老气横秋的怪孩子和死气沉沉的青年。对孩子来说，没有比这更不幸、更毁人的了。

　　这正所谓"孩子的心，父母不懂"。

　　这种父母教出来的孩子势必成为整齐划一的普通人，难有个性可言。想到这点，简直毛骨悚然，可社会现状显然就是这样——对成人唯命是从的孩子、不逾越成人思维框架的孩子被认为是"好孩子"；反之，敢于表明自我意志和主张、行事个性自我的孩子则会被即刻打上"坏孩子"的标签。

　　也正因为如此，我对人们口中的所谓"坏孩子"抱有期待。理由很简单，这样的孩子才是"有个性的苗子"，他们有主见、靠得住，且潜力充分，是真正意义上的"好孩子"。

　　我常常对身边的年轻人强调道："一个跳不出上一代老思想的所谓'好孩子'，便无法做到'长江后浪推前浪'。一个只知察言观色、活得唯唯诺诺的人，早晚会被日新月异的现代社会淘汰，因为这样的人已跟不上时代。所以说，年轻人不要害怕被成年人视为'坏孩子'，要有年轻人的闯劲和勇气，要积累各种经验，拓展自己的视野。即便因此犯了错、栽了跟头，只要态度是积极向上的，信念是坚定正确的，则大可归结为'年轻气盛的过失'而一页翻过。这也是年轻的特权，年轻人不可轻易抛弃。"

话虽如此，但为了不招来误解，我这里必须再加一句，"凡事皆有度"。

我虽然说年轻人大可放手去做任何事，但这也是有限度的。倘若当"飞车党"，对他人的人身或财产造成损害，或者贪玩挥霍，进而行偷盗之事，则等于是踩了不可容忍的"高压线"。在我看来，作为社会一员，作为自由个体，给善良的他人制造麻烦甚至带来伤害是最为恶劣的犯罪行为。绝对不允许强行牺牲他人的利益乃至生命。

社会能够运作，是因为有法规和秩序，我们必须遵守。要想让自己的生命、财产和自由受到尊重，就必须尊重他人的生命、财产和自由，即维护自身权利，履行自身义务。鉴于该前提，不管做什么，都必须承担相应的责任，切不可将自己犯错的原因"甩锅"给他人。

反之，最不负责、最丢脸的行为便是受人鼓动、被人连累，从而随波逐流地贸然行事。正确的做法应该是坚持底线，顶住周围压力，坚决反对违背自身意志的提议。大家要有这样的勇气。一旦具备这种底线意识，便能明确自身自由行动的界限，这可谓一种良知。反之，倘若"青春能量"不具备这种良知，便有沦为兽牙般"双刃剑"之虞——在伤到别人的同时，亦会伤害自己。

此外，亦不可趁着年轻的冲动，就盲目任性地挥霍宝贵的青春能量。人生长路漫漫，绝非一马平川的坦途，总是会经历比日本路况还差的烂路。倘若无视这样的客观条件一味瞎奔，不用多久就会精疲力竭。所以说，关键要正确地判断现状、制定计划、合理分配自身精力，为此，既需要学问，也需要丰富的见识，还少不了经验加持，以及勇气、决断力、行动力和忍耐力。反之，倘若不顾这一切，只知急着盲目向前，则既非年轻人应有的样子，也并不一定能适应将来。

我还想指出一点，那就是对待历史的态度。历史支撑着现在，指引着未来。否定历史，便无法理解现在。而要想迈向正确的未来之路，也必须站在历史的肩膀上。

我举个例子。二战后不久，各种形状的自行车在市场上泛滥。许多车商把奇葩的点子和设计作为卖点，着实吸引了消费者的眼球。可在 16 年后的今天，市售自行车又回归了之前的经典设计。究其原因，是从很久以前，自行车在各方面就早已进化为"最终完全形态"。不管在理论方面还是经济性方面，三角形的车架构造都是最为合理的。换言之，以人力为动力的两轮车，这样的设计已是登峰造极。只要了解一下自行车发展史，便能简单明白这点。可战后的一众车商无视这些，所以才走了这么多弯路。

在人生中，类似的例子数不胜数。因为吝啬一点点必要的努力和时间，导致大量的精力浪费，实在是愚蠢之举。

我这个人性子急、做事急，但好在喜欢学习历史。这并非单纯由于我平时有空爱看大众文学读本。总之，历史的确令人受益匪浅，它既是知识的宝库，也是反省的教材，还是提供建议的锦囊。

人生实属漫长，一旦起点犯错，之后的误差就会逐步扩大。同理，如果在精力分配方面鲁莽行事、一味胡来，"年轻活力"这种珍贵的"高辛烷汽油"也会爆燃，从而沦为破坏力，使得"引擎熄火"。

但只要能够自警自诫，对上述问题具备清晰的认识，那么自由行动也好，讴歌青春也罢，大可尽情尽兴去做。倘若有头脑，等到顽固的成年人来说教或者干涉时，大可让他们滚一边儿去。身为年轻人，就应该堂堂正正地迸发年轻活力，主张自己的年轻特权。

终有一天，人们不再视老气横秋、死气沉沉的青年为模范，转而夸赞活力奔放、昂扬向上的青年。我相信，这样的新时代即将到来。

不开玩笑的人生枯燥无味

　　纵观日本人迄今为止的日常生活，似乎一直缺少一些风趣和幽默。人们在交往时，通常伴随着凝重的沉默、客套的举止以及模式化的语言表达。

　　人不是机器，不可能持续不断地稳定工作。一旦疲劳或厌倦，其工作效率立马下降。为此，人需要休息，需要散散心、透透气，偶尔放空一下自己。而开个玩笑或讲个笑话，就是单调生活中的慰藉和调味料。它能让人从紧张中获得解放，使人忘记疲劳、心情开朗。在我看来，玩笑有使人生保持积极乐观的作用。所以说，今后在日常生活中，我们必须多开玩笑、多讲笑话，而且要讲高水平的笑话。只有这样，我们才能摆脱矫揉造作、故弄玄虚的阴暗表情和皮笑肉不笑的虚假面具。

要杜绝自以为是

人们说市场经济自由化有利有弊，而其中"利"的部分，则包括进出口自由化，外国货能自由地进入日本国内市场，而日本货也能自由地出口到外国，可谓互惠互利。而对我们制造商而言，该政策带来的最重要的影响是广大消费者能够直接对比国货和洋货，从而做出判断。而基于消费者的判断，制造商便能找到应该进步的方向。换言之，市场自由化导致商品丰富，从而给了消费者极多选择和判断的机会。如此一来，制造商便能方便及时地了解到自己的产品是好是坏。所以，有一点希望大家铭记于心，那就是切不可无视消费者的判断，切不可坠入自以为是的陷阱。就拿日本现在的汽车厂家来说，虽然它们一直宣传自己

"已达到世界水准""已具备国际竞争力",可在我看来,这完全是夜郎自大。

我们 HONDA 如今的确获得了"世界顶尖摩托车制造商"之类的赞誉,但这种赞誉并不是我们自己宣传和吆喝得来的。我们 HONDA 的全体同人艰苦奋斗、发挥创意、积极创造,由此逐渐获得了广大消费者的认同,最终才收获了上述赞誉。换言之,我们靠的是实力和口碑,而非自以为是。

当然,在这份功劳中,合作经销商们的不懈努力和鼎力支持也占了很大比例。

我之所以谈这个话题,主要是针对通产省近来的政策误导。即便通产省制定法规,限制进口,也无法保障日企基业长青,因此,解决燃眉之急的办法反而应是彻底实施自由化,让消费者进行选择和判断,从而促使日企尽快找到合理的发展方向。政府如果真关心日企、真想保护本国产业,就应该对它们"放养",并把选择权交给消费者。反之,倘若不给日本国内消费者用于参照比较的洋货,只给他们国货这一种选择,那国货当然好卖。但如果因此而自认为国货质量已达国际水准，那绝对是极为危险的错误认知。

总之，东西好不好，不该由制造商来判断，而应由广大消费者来判断。这一点切勿忘记。

首先要"为自己而工作"

　　我一直强调，不要只为了公司而工作。大家入职时，想必也不是都怀着"单纯想为这家企业出力"的"救世主心态"吧。进公司，一般都是有什么梦想，或者想成为什么样的人，既然如此，"为自己而工作"就是绝对条件。拼命工作，实现自我价值，同时也惠及所在的企业，这样最理想。反之，我并不要求员工一心只为企业，不惜牺牲自我，毕竟又不是参军打仗。"为自己而工作"是忠于自我的体现，有的人也许视其为"利己主义"，但其实不然。人是社会性动物，当收到周围人的正面反馈时，会感到身心愉悦。所以，被别人赞许为"好人"，也是一个人的快乐之源。

　　由此可见，人类并非完全只顾自己的自私动物。只有让别人好，自己才会真的好。而我讲这番话，就是希望大家真正让自己幸福快乐。

身为车企的责任

在这里，我想特别强调一点，我们是车企，造的是交通工具，因此必须具备责任感。如果在场有平时做事不负责任的，我劝你立马提出辞呈；而今后如果在工作中被我发现不负责任，我也会点名炒掉你。要问为什么，是因为交通工具出问题轻则使人受伤，重则使人残疾甚至死亡，是会要人命的。换言之，消费者是把命交给了我们，所以我们必须具备强烈的责任感。如果是没有这种责任感的人，则不适合这个行业，还是改行去卖文具或者布匹为好。因为文具和布匹品质粗糙点儿也没关系，即便坏了，大不了给顾客换货就行。可我们不行，倘若卖出粗糙货，那后果就严重了。所以说，既然入了这一行，就必须拥有百分之百的责任心。希望大家谨记。

卸任致辞

很久之前，我便与副社长商量过，趁着 HONDA 创立 25 周年之际，我俩共同退居二线，完成与年轻一代的权力交接。4 月，我俩向公司四名专务表达了该意向，四名专务也对此表示了理解，于是我俩的卸任进入了商讨具体交接过程的阶段。

不巧的是，在我去中国的那段时间，没等报纸等纸媒的正式通稿出来，记者的新闻报道就抢先出炉，让大家似乎觉得事出突然。

对"HONDA 人"而言，这其实并不唐突。从 1964 年启动的干部办公室制度，到三年前确立的四大专务体制，尤其在过去的 1 年多，HONDA 已经切实地在以四大专务为核心的集体领导制度下运作。因此，大家皆应察觉到权力交接只是时间问题。

HONDA 是一家拥有梦想和年轻活力，并且尊重理论、时间和创意的企业。尤其是 HONDA 的"年轻活力"，我认为，其包括直面困难的勇气和热情以及不拘于条条框框敢于创造新价值的智慧。

从该意义层面来讲，我的身心都还年轻，且自认丝毫不输于各位年轻人。但从现实层面上看，我也不得不遗憾地承认，自己感到"真羡慕年轻人""比不了年轻人"之类的情景和情况在日渐增多。

就拿研发 CVCC 引擎来说，当时我强调道："作为最后进场的四轮汽车制造商，研发低污染引擎是我们 HONDA 迎头赶上、与竞争对手站在同一起跑线上的绝好机会。"对此，研究所的年轻技术员却说，引擎减排对策并非企业本位的问题，而是车企的社会责任，是车企应尽的义务。该理念令我醍醐灌顶，由衷感动。

在美国，人们一般认为成长型企业的社长平均年龄应该在 40 岁左右，如果社长年纪在 60 岁左右，企业恐怕会丧失活力、陷入停滞。

这也让我深切感受到，年轻是多么美好。HONDA 一直先于时代，其核心优势便是年轻的员工队伍。我相信，各位年轻同人今后也会持续进步和成长。

这个时代需要先进的超前的经营理念，需要令人为之一振的新价值观，需要对企业与社会的关系进行全新的认识。鉴于今后对企业社会责任要求的提高，以及基于"地球村"理念的环保意识的强化，企业作为一个组织，愈发需要年轻的力量和思想。

我和副社长虽然人老心不老，但毕竟都已步入花甲之年。我俩带头领导员工的时代已经过去，年轻班子也不再需要我俩进行指点了。

副社长一直负责 HONDA 的销售以及财务、组织管理等内部事务，而我一直负责技术、制造以及外部事务，我俩一直如此分工。我俩都属于"半吊子"的企业经营者，加起来才算得上独当一面，因此要退居二线也是一起退。这既顺理成章，也是我们的一致意见。

可见，哪怕是一群半吊子的"臭皮匠"，只要相互认同、彼此互补、关系和睦，也能做成"诸葛亮"级别的事。这世上没有完人，对于自己的不足之处和能力不及之事，大可请周围的人出手相助；而对于自己的专长，也要毫不吝啬地为他人所用。这便是组织和集体的关键优势。倘若没有人与人之间的和谐纽带，企业和组织别说发展，就连维持都做不到。我希望大家充分认识到这一点。

纵观四大专务体制确立后的公司，现在的HONDA充满活力，对各种情况应对灵活，且不失新鲜感。这也是我能安心交接的原因。

这一切都仰仗公司全体同人的努力，让我和副社长能在这个合适的时机顺利完成交接。对此，我表示衷心感谢。

回顾过往，既有苦累，也有失败，我的任性也没少让大家困扰。关键在于，新事业、大事业的成功少不了背后的研究和努力，而在这研究和努力的过程中，几乎99%都是失败的积累。在我看来，正是因为大家明白这个重要的道理，才能一路奋斗过来，创造出HONDA今日的成就。

在与HONDA共同成长的25年间，是我最为充实的时光，每天我都切实地感到自己的人生价值。这也都仰仗公司全体同人。谢谢大家。真的非常感谢。

HONDA企业宗旨的头一句是"放眼全球"，意思是既不模仿别家，也不欺骗或糊弄消费者，体现了HONDA 的气宇轩昂。

HONDA 尊重独创性，并重视合作商、消费者、所在地域等与公司存在直接或间接关系的社会个体及组织。多亏了社会人士的理解支持以及公司员工的努力奋斗，使得 HONDA 的这种企业文化已然开花结果，深深扎根。HONDA 的这种基本理念，在设备、产品及制度等各方面皆有体现。这种理念和成果，并不会由于经营层的权力交接而动摇，因为"HONDA 人"的这种特质，早已融入我们的血液之中。

我希望大家今后进一步把 HONDA 发展壮大，大家要怀揣宏大梦想，尽情发挥年轻活力，相互团结协作，让公司氛围更加开明，让员工更能感受到工作的意义，并把 HONDA 打造成广受全球赞誉、回馈反哺社会的公司。总之，打造明日 HONDA 的任务就落在了大家的身上。

我和副社长虽然退居二线，但也并非彻底离开公司。我希望各位同人继续在各个方面给予指教，同时我也希望我俩能继续在一些方面为公司发挥作用。今后也请多多关照。

我的见识见地和思维方式

◎ 人际关系最重要，单纯记忆有电脑

以前人们常说，记性好的孩子是好学生，记性差的孩子是坏学生。可这已经是老皇历了，从前孩子们上私塾，教的东西就三样——读、写、算盘，因此谁都能记住。

可如今呢？就拿炙手可热的电子工学来说，哪怕学一辈子，也只能记住该领域知识的一小部分。我这人虽然平时嘴上说得很牛，实际对电子工学一无所知，可见其多么艰涩高深。

比如与"电气"相关的概念，以前只涉及电灯、马达和磁石之类，所以当然很好记。可如今呢？与"电气"相关的东西都够记一辈子的了。既然如此，倘若学

校还以是否记住知识点为评价基准给学生打分，就显得荒唐了。老师就无所不知吗？我觉得其实也不过尔尔。

当然，在很久以前的旧时代，对于教学内容，的确必须全部记住。比如从前交通不便，如果非得去一趟美国或者欧洲，路上得花50多天。而对于旅途所需的知识，传授的人必须提前悉数传授，而学的人也必须提前全部记住。在这样的现实需求下，"记性好"就成了非常重要的优势。

可如今呢？人类发明了电脑，只要简单地敲敲键盘，就能获取所需数据。既然如此，那记忆的必要性还有多大呢？假设现在有件事情或有条信息，美国人知道，可我不知道，那么我只要打个电话，联系一个有信用、人品好的美国熟人，就能即刻知道这件事情或这条信息了。这便是我们当下所处的时代。

鉴于此，我认为良好的人际关系是这个时代最为重要的。只要朋友多、人脉广，就能获得各种知识和信息。纵观学校等教育机构，倘若不懂这个时代的发展变化，还按照从前的老皇历教书育人，那就太愚昧了。

◎ 要有人格魅力

在一切不断发展进步的当今时代，比起单纯地记忆知识，我更渴望接触新事物，为他人所不为。在这样的创新过程中，如果有不懂的地方，则大可请教年轻人。换言之，一旦碰上自己不擅长的，找会的人帮忙就行，何必自己吭哧吭哧地耗费精力。

为此，我想强调的是，大家必须成为讨人喜欢的正派人，让别人觉得"因为是你，我才肯教（帮）"。只要具备这样的特质，即便学历低也没什么关系。换言之，有人格魅力很重要。

我不能说自己有人格魅力，但毕竟当过这么多年社长，出于这层关系，只要我问，一般还是会立马有人解答的。自己知道当然最好不过，但如果不知道，那大可请教别人。固有的所谓"常识"认为，在考试或测验等场合，问别人或者借助工具就等于作弊。可在实际工作和生活中，这样的"作弊"有何不可？特别是现在都有电脑了，用电脑"作弊"简直天经地义。所以说，如今的父母也要与时俱进，不要把孩子的作弊行为视为洪水猛兽。在考试中，一堆小伙伴"相互合作，攻克难题"反而是一件好事。如果父母能如此开明，那么孩子的压力也会少许多。

后　记

　　曾被称为"11 社体制"（"11 社"即 11 家日本车企。——译者注）的日本汽车产业，在最近全球的企业兼并浪潮之下，纷纷归为了欧美资本的麾下。如今，以日本国内独资方式运作的车企就只剩丰田和本田了。20 世纪 90 年代前期，"HONDA 神话"也一度陷入低谷。当时，一些前员工和消费者嗟叹"（HONDA）丧失了个性，沦为了普通的大企业"。

　　2000 年，HONDA 在日本国内的新车销量首次超越了日产，紧随丰田之后，成为日本国内第二大车企，且其联合销售额接近 10 万亿日元大关，成功将日产甩在身后。本田宗一郎生前的夙愿"追上日产，赶超日产"

至此实现。

这家于 1948 年诞生于滨松市的小微企业、两轮车作坊，最终飞跃成长为"世界的 HONDA"，全球员工数总计超过 10 万。

由本田宗一郎和藤泽武夫共同铸就并一路实践的放眼未来、敢于挑战的精神，哪怕在半个世纪后，依然作为"HONDA 制造"的基因，在"HONDA 人"的血液中流淌。作为本田"儿子辈"甚至是"孙子辈"的晚辈们，依然敢于"二次创业"，进军于小型飞机及机器人等领域，志在创造新的"HONDA 神话"。

本田宗一郎著有《我的手语》（讲谈社文库出版）一书，内容是他的随想随感。在这本随想集的开头，本田对自己的左手手掌进行了详细描述：

"不管是手掌大小还是手指形状，左右手如此大相径庭的，恐怕很罕见吧。以前机器设备和工具缺乏，在进行修车之类的作业时，这双手就是我最为得力的工具。我用它们，又是装，又是修，又是拆。其中右手是干活儿的主力，而左手则是其辅佐，所以吃亏受伤的总是左手。"本田的左手可谓满目疮痍。刀具和锤子等留下的伤痕，锥子和车刀等贯穿过的疮疤。对此，本田在该书中调侃道："唯一享福的是小拇指，没什么深意，别想歪了。"真是符合他本人风格的笑话，不过对他而言，这些伤痕也是珍贵的荣誉。

而这样的左手，也无可争辩地体现了本田的工匠身份和精神。当铁匠的父亲，在当学徒过程中形成的工匠气质，与生俱来的敢于挑战强者的侠气，看淡金钱和权力的大方气度，风趣洒脱的言谈举止，时而腼腆的可爱，以及性急冒失的行动力。本田的这些性格特质，完全是活脱脱的传统工匠的典型特征。

另外，由于本田的少年岁月正处于 20 世纪初期，因此对汽车、飞机等舶来品十分憧憬，从而使他具备了热爱梦想的现代主义者特质。而 20 世纪 20 年代后期的汽修厂，恰恰又是时髦人物和事物的聚集地，可谓汇集最新信息的"基地"。当时，本田在厂里一边当学徒，一边吸收自由精神、尖端技术和前沿信息。有幸涉足当时尚处于摇篮中的日本汽车工业，这种对于技术的专注，使本田避免了军国主义和官尊民卑等风潮的不良影响。当时，日本政府把学徒渲染为"无私奉公的典型"，但本田单纯爱好技术，只是"充满好奇心的小菜鸟"而已。而通过一系列实践和历练，本田终于不再只是普通的手艺人，而是成长蜕变为视独创为人生意义的技术专家。

本田机智过人，且有经营才能。虽然算账不行，但他具备预见社会潮流的前瞻性，还擅于用人。当年能够慧眼识藤泽，发现如此优异的人才，亦是本田该方面能力的体现。由于获得了藤泽这个颇具现代企业经营理念的"贤内助"，HONDA 才能在日后把握时机，站在日本摩托车及汽车普及的风口，实现业绩开花结果，企业做大做强。

本田这一生既没有一味刻苦勤勉的悲壮感，也没有孤身求道的禁欲克己主义色彩。他所处的时代，是汽车产业势头强劲、极速发展的时代，由于各种革新不断，因此他自然无暇回头看，而总是标榜年轻，一直向前看。

在评价本田时，人们总会谈起他交接权力时的爽快和洒脱。虽然他是 HONDA 的创始人，但一个人当 25 年社长，的确也接近极限了。就像美女并非一辈子都是美女那样，天才的"能力闪耀期"其实也就一段时间而已。在"空冷水冷之争"中陷入孤立，之后辞去技术研究所的领导之职，其实都体现了执着于技术的技术出身企业经营者的局限性。

从手艺人、技术专家，再到企业经营者，在此过程中，本田最看重的是独创，最厌恶的是模仿。对此，他的下属们有异口同声的"证词"："（本田）最生气的事，就是我们模仿其他公司的技术或做法，或者拿其他公司的情况作为借口，我们都因此挨过他的拳头。"

HONDA 的老员工们还回忆道："老爹如果帽檐朝靠后戴，就证明心情好；如果帽檐朝前戴，深深遮住前额，就证明要发火。大家看到后种情况，便会不动声色地把扳手和规尺等工具藏好或收好。"这个小故事，可谓最能体现本田"执着于独创"的个性和脾气了。

不管是技术还是经营，创造力才是原动力，而创造力又源于广阔无垠的梦想。倘若一个人没有梦想、害怕失败，则其创造力便会萎缩。在回顾本田宗一郎的一生时，再次深切感受到这个道理。

本书涉及 HONDA 公司内部情况及相关人士表述的

内容，皆引用自本田技研工业在创立50周年之际出版的社史纪念刊《传于后世的故事：HONDA的50年挑战史》(1999年)以及藤泽武夫所著的《执手火炬》等书。有关本田宗一郎的评传可谓数量繁多，但本书均依据本田本人的文章和HONDA公司出版的"正史"《传于后世的故事：HONDA的50年挑战史》，以求内容的客观正确。

本田宗一郎年谱

1906 年 11 月 17 日，生于日本静冈县磐田郡光明村（如今的天龙市）。

1922 年 4 月，以汽修工学徒的身份入职东京本乡的 ART 商会。

1928 年，独自成立 ART 商会滨松分店，成为汽修厂厂主。

1936 年，参加在东京多摩川举行的全日本汽车竞速大会，在比赛中受重伤。

1939 年，成为东海精机重工业公司社长，着手制造活塞环。

1946 年 9 月 24 日，在滨松创立本田技术研究所，着手研发用于助力自行车的引擎。

1948 年，在滨松创立本田技研工业公司并担任社长，公司资本金 100 万日元，员工三四十人。

1949 年，着手研发真正意义的摩托车"梦想号"。同年，藤泽武夫以常务身份入职。

1951 年，"梦想号"成功翻越箱根山路。

1952 年，发售轻型助力自行车"小狼 F 型"，并因发明搭载于该车型的小型引擎荣获蓝绶褒章。同年，公司总部迁至东京，本田赴美采购生产设备。

1953 年，公司进口了总额高达 4.5 亿日元的生产设备。

1954 年，进入日本店头证券公司交易。同年，宣布参加曼岛 TT 赛，但公司出现经营危机，且公司工会成立。

1955 年，公司两轮车产量跃居日本国内首位。同年，日本政府提出"打造日本国民车"的构想。

1956 年，本田和藤泽前往欧洲考察。

1957 年，公司在东京证交所上市。

1958 年，小型摩托车"超级小狼"发售并大卖，该车型奠定了公司规格量产及出口创汇的基础。

1959年，首次参加曼岛TT赛。同年，公司在美国的销售据点"美国HONDA"成立。

1960年，公司的研究部门以"本田技术研究所"的形式独立出去，本田宗一郎兼任社长。

1961年，在曼岛TT赛中包揽第1至第5位的名次，取得了全面胜利。同年，通产省发布了《特振法》。

1962年，公司在比利时设立生产销售基地"HONDA Motor"。同年，公司着手研发轻型四轮跑车S360（这是其首款四轮汽车），铃鹿赛道修建完成，本田宗一郎在《日本经济新闻》上连载"我的履历书"。

1963年，公司15周年庆典在京都举行。同年，公司进行了"猜猜新车价格"的"猜谜型"广告宣传，并发售了红色涂装的S500跑车。

1964年，公司首次参加F1赛事。

1965年，在F1墨西哥站取得首次胜利。

1967年，公司发售轻型汽车N360并大卖，发售3个月后，该车销量跃居日本国内同类车型之首。同年，本田宗一郎决定进军小型汽车市场。

1968 年，在 F1 法国站发生车手身亡的事故。

1969 年，公司首款小型汽车 H1300 发售，但销售不振。同年，公司内发生"空冷水冷之争"。

1970 年，公司向以四大专务为核心的集体领导制度转型。同年，第一届本田社内创意比武大会召开。同年，围绕 N360 车型的设计缺陷风波，公司遭到起诉（第二年，原告方的起诉被驳回）。

1971 年，公司发布了低污染引擎 CVCC。

1972 年，CVCC 引擎率先通过了 1975 年生效的《马斯基法》排放规定。同年，公司与丰田签订协议，同意向丰田提供该项技术。同年，搭载该引擎的"思域·CVCC"发售。

1973 年 10 月，辞去本田技研工业社长一职，转任董事兼最高顾问。

1977 年，本田财团设立。同年，公司宣布在美国俄亥俄州建立现地生产工厂。

1981 年，被授予一等瑞宝章。

1983 年，辞去本田技研的董事一职，转任终身最高顾问。同年，公司时隔 15 年再次回归 F1 赛事。

1986 年，公司获得"F1 赛车制造商"的头衔。

1988 年，藤泽武夫死于突发心脏病，享年 78 岁。

1989 年，本田宗一郎被收录进美国的汽车名人堂，成为首位获此荣誉的日本人。

1990 年，本田宗一郎被国际汽车联盟（FIA）授予"金牌奖"。

1991 年 8 月 5 日，本田宗一郎死于肝衰竭，享年 84 岁。同年，被授予一等旭日大绶章。

本书或许包含一些在今日看来属于歧视性的表达和措辞，但考虑到故人当时所处的时代和社会背景，同时也是出于对故人的尊重，因此对于这些表达和措辞，本书依然予以保留，敬请各位读者理解海涵。

图书在版编目（CIP）数据

本田宗一郎自传 / （日）本田宗一郎 著；周征文 译. —北京：东方出版社，
2023.7
ISBN 978-7-5207-3222-2

Ⅰ.①本… Ⅱ.①本… ②周… Ⅲ.①本田宗一郎（1906—1991）—自传
Ⅳ.①K833.135.38

中国版本图书馆 CIP 数据核字（2022）第 243060 号

HONDA SOICHIRO YUME WO CHIKARANI WATASHI NO RIREKISHO written by Soichiro Honda
Copyright © 2001 by Soichiro Honda. All rights reserved.
Originally published in Japan by Nikkei Publishing Inc.
（renamed Nikkei Business Publications, Inc. from April 1, 2020）
Simplified Chinese translation rights arranged with Nikkei Business Publications, Inc.
through Hanhe International（HK）Co., Ltd.

本书中文简体字版权由汉和国际（香港）有限公司代理
中文简体字版专有权属东方出版社
著作权合同登记号　图字：01-2022-5300 号

本田宗一郎自传
（BENTIAN ZONGYILANG ZIZHUAN）

作　　者：［日］本田宗一郎
译　　者：周征文
责任编辑：钱慧春
出　　版：东方出版社
发　　行：人民东方出版传媒有限公司
地　　址：北京市东城区朝阳门内大街 166 号
邮　　编：100010
印　　刷：北京文昌阁彩色印刷有限公司
版　　次：2023 年 7 月第 1 版
印　　次：2023 年 7 月第 1 次印刷
开　　本：787 毫米×1092 毫米　1/32
印　　张：9.75
字　　数：140 千字
书　　号：ISBN 978-7-5207-3222-2
定　　价：68.00 元
发行电话：(010) 85924663　85924644　85924641